SCHE

PORSCHE

UNE FABULEUSE HISTOIRE

Parragon
Queen Street House
4 Queen Street
Bath BA1 1HE
Royaume-Uni

Création : Essential Books

Réalisation : ML Éditions, Paris
Traduction : Jean-Léon Muller
Conseiller : Stany Meurer

ISBN 1-40541-408-1

Imprimé en Indonésie

Crédits des illustrations

The GP Library : p. 24 (haut), 150, 151, 155 (bas), 165, 171, 173 (bas), 175, 176 (bas), 177, 178, 179 (haut), 180 (haut), 181 (haut), 182, 183, 185, 186
Rowan Issac : p. 34, 35 (bas), 36, 37, 164
Porsche Cars Great Britain : couverture et p. 9, 16, 17, 19, 21 (haut 2e), 24 (bas), 25 (droite), 26, 27 (haut), 29, 30, 31 (haut), 32, 33, 38 (haut), 42 (haut), 50, 52 (bas gauche) 53, 54, 57, 58, 68 (haut), 69, 70 (haut), 85, 91, 95 (bas), 97 (bas), 100, 107, 112, 120, 122, 123 (haut), 132, 136, 137 (haut), 138, 141 (haut), 149, 152 (bas), 188, 191, 192

Autres illustrations © Neill Bruce's Automobile Photolibrary :
Tony Bader : p. 123 (bas), 124 (bas)
Christian Gozenbach : p. 6, 135, 139
Stefan Lüscher p. 76, 98, 99, 103, 125, 127, 137 (bas), 140
Peter Ruch : p. 45
L. Buehler : p. 80, 81, 82 (haut)
Richard Meinert : p. 134

Toutes les autres photographies et illustrations © Neill Bruce's Automobile Photolibrary, à l'exception des suivantes, qui appartiennent à The Peter Roberts Collection c/o Neill Bruce : p. 4, 10, 11, 12, 13, 14, 15, 20, 21 (bas droite), 22, 23, 25 (gauche), 27 (bas), 92, 102 (bas), 104, 109, 126, 129, 130, 142, 143, 144, 145, 154, 156 (haut), 159, 160, 161 (bas), 166 (bas), 167, 170, 172, 174, 179 (bas), 184 (haut), 187

Les auteurs et l'éditeur se sont efforcés d'obtenir les droits de reproduction pour toutes les œuvres figurant dans cet ouvrage et de les rétribuer. Si toutefois certaines personnes avaient été omises, elles sont priées de s'adresser à la maison d'édition pour faire valoir leurs droits.

PORSCHE

UNE FABULEUSE HISTOIRE

STUART GALLAGHER

ET

HELEN SMITH

SOMMAIRE

Vue du tableau de bord d'une Turbo 911 2000.

« Rien ne vaut une Porsche ! » s'exclame le jeune Tom Cruise dans *La Folle Journée de Ferris Bueller,* au moment où il s'apprête à « emprunter » la 928 de son père pour le week-end. Gageons que bien des spectateurs ont compris son enthousiasme. Porsche, ou pour être plus précis, Dr. Ing. h.c. F. Porsche AG, est synonyme dans le monde entier de vitesse et de séduction et symbolise le *nec plus ultra* de la voiture de sport. La marque a à son actif les plus belles et les plus rapides des routières et les modèles de course parmi les plus primés, et cela depuis plus de cinquante ans. Son sigle prestigieux fait toujours rêver les jeunes et reste le chouchou de la presse spécialisée. Plus d'un siècle après les brillants débuts de son fondateur, l'entreprise qui porte son nom vend plus de voitures que jamais. Avec le lancement du 4 x 4 Cayenne et l'arrivée d'une nouvelle Carrera GT, le futur s'annonce bien. Même Ferdinand Porsche avec son esprit visionnaire et son optimisme ne pouvait prévoir un tel succès.

L'histoire de Porsche est tout sauf simple, et ses élégants bolides sont loin d'épuiser le sujet. Aux destins croisés d'une famille, d'une marque et d'un géant du sport automobile, se superpose la légende de voitures d'exception. Tous les modèles sortis des usines Porsche furent le produit d'un défi. Cet ouvrage plonge dans ce riche passé pour examiner dans le détail chacun d'entre eux, révélant comment et pourquoi il a été conçu et quel fut son destin. Le livre raconte aussi l'aventure de ces hommes qui, en dépit de la guerre et de bien d'autres mésaventures, créèrent une marque automobile et une écurie parmi les plus prospères au monde. Il montre combien la technologie Porsche continue au XXIe siècle à trouver des applications bien au-delà des seules voitures de course. Ce livre satisfera tous ceux, jeunes et moins jeunes, qui se passionnent pour ces pur-sang engagés dans toutes les courses. Il revient en détail sur l'épopée de ces vedettes du sport automobile, des premiers succès en 1950 aux glorieuses années Brumos et Martini et aux victoires en formule 1 avec McLaren-TAG au milieu des années 1980. Il évoque les événements dominés par Porsche, dont les Vingt-Quatre Heures du Mans et le Targa Florio, et rend hommage aux coureurs qui ont conduit la marque à la victoire.

En plus d'un demi-siècle, l'entreprise a bien changé. Elle n'appartient plus à la famille Porsche et a emprunté des voies que son père fondateur n'aurait ni envisagées, ni même approuvées. Mais elle continue à fabriquer des voitures de sport parmi les plus appréciées et les plus performantes au monde, aussi efficaces sur les routes que sur les circuits, un résultat que même le Dr Porsche n'aurait pas renié.

chapitre premier

Des hommes et des machines

S 73
PORSCHE
K 45·286

L'histoire de l'entreprise est intimement liée à deux hommes. Il y a d'abord Ferdinand Porsche, fondateur et ingénieur en chef. Sans lui, non seulement la firme n'aurait pas vu le jour, mais nombre de voitures exceptionnelles des années 1920 et 1930 auraient aussi manqué à l'appel. Vient ensuite son fils et homonyme, universellement connu sous le surnom de Ferry. Il succéda à son père dès qu'il en fut capable et conçut les modèles des années 1950 au début des années 1970, qui comptent parmi les plus célèbres et les plus réussis de la marque.

Secondés par de remarquables ingénieurs, ils conçurent à eux deux quelques-uns des modèles les plus populaires et les plus révolutionnaires au monde, tant sur route que sur piste. Ce fut parfois un véritable combat, qui leur valut même d'être emprisonnés, mais ils luttèrent afin que Porsche demeure la grande marque qu'elle avait toujours été. « Nous ne faisons que fabriquer des voitures de sport », avait un jour déclaré laconiquement Ferdinand, et il ne fait aucun doute que les Porsche excellaient dans cet exercice. Entourés d'une équipe de fidèles, ils croyaient dans leurs créations, et cela se voyait.

L'entreprise finit malheureusement par échapper à la famille. Celle-ci n'eut pas d'autre choix, sauf à voir son œuvre disparaître. Heureusement, le retour aux traditions engagé par les nouveaux dirigeants a permis, à la fin du XXe siècle, de restaurer la grandeur de la marque qui reste aussi admirée aujourd'hui qu'autrefois. Le Dr Porsche aurait sans doute été fier du résultat.

FERDINAND – LE FONDATEUR

Ferdinand Porsche était un visionnaire, un des pionniers de l'automobile et de son univers. Né en 1875 à Maffersdorf près de Reichenberg (actuelle Liberec en République tchèque), il montre très jeune des facultés et un enthousiasme exceptionnels pour la mécanique et l'électricité. Sur place, les débouchés sont limités, mais, sa réputation aidant, il obtient un emploi à Vienne chez Bela Egger & Co (devenu ensuite Brown Boveri). Sans aucune formation théorique, il voit dans la grande cité une chance unique de s'instruire, mais l'éducation coûte cher pour un jeune homme aux revenus limités. Il réussit pourtant à mener à bien une formation d'ingénieur, en suivant les cours du soir de l'université

Page précédente *Le père et le fils. Ferdinand et Ferry Porsche posent fièrement côte à côte devant le premier modèle Porsche, la 356/001.*

Ci-contre *La Lohner-Porsche électrique est la toute première voiture conçue par Ferdinand Porsche en 1900. Elle est présentée à l'Exposition universelle de Paris où ses moteurs montés dans le moyeu des roues font sensation. Il conçoit alors un nouveau modèle à quatre roues motrices, photographié ici pour la postérité.*

Page ci-contre
En haut *L'Austro-Daimler Sascha, avec son moteur quatre cylindres de 1,1 litre est conçu par Ferdinand Porsche en 1919. On l'aperçoit, coiffé d'une casquette, juste au-dessus du numéro 46.*
En bas *Porsche n'a pas uniquement créé des voitures. On voit ici le « train routier Landwehr » de 1912 dont la réalisation a été rendue possible grâce à la technique des quatre roues motrices déjà expérimentée par Porsche chez Lohner.*

technique. N'étant pas inscrit, il s'introduit en fraude dans les salles de cours et les ateliers pour observer et prendre des notes.

Malgré cette méthode peu orthodoxe, il tire profit de l'expérience. Après cinq ans passés à Vienne, il décroche un emploi dans l'automobile chez Jacob Lohner, comme ingénieur et responsable des essais. C'est là qu'il commence à faire parler de lui. Il frappe un grand coup en présentant sa première voiture à Paris, à l'Exposition universelle de 1900. Près d'un demi-siècle avant que des Porsche ne sortent des chaînes de montage, Ferdinand, âgé d'à peine vingt-cinq ans, expose fièrement sa machine baptisée Elektromobil Lohner-Porsche. Ses moteurs électriques logés dans le moyeu des roues constituent alors une vraie innovation, unanimement saluée par la presse. Sans vitesses ni arbre de transmission, le véhicule évite les frottements propres aux voitures classiques. Un châssis léger et un centre de gravité bas semblent destiner l'engin à un usage sportif, et une version de course est effectivement prévue, avec une vitesse annoncée (vertigineuse pour l'époque) de 60 km/h ! Conscient du talent de son employé, le patron de Ferdinand en rajoute : « Il est jeune, mais une grande carrière l'attend. Il fera encore parler de lui ! » Il faut reconnaître qu'il n'avait pas tort…

En 1901, Ferdinand livre une Lohner-Porsche de course à quatre roues motrices à un client de Luton en Grande-Bretagne. La même année, âgé de vingt-six ans, il remporte lui-même le rallye d'Exelberg. La conception de son véhicule est si en avance sur son temps que, bien des décennies plus tard, la NASA adoptera le même principe pour sa jeep lunaire. Cela peut paraître incroyable, mais plus d'un siècle plus tard, les grands constructeurs explorent encore les possibilités de cette technologie, à la recherche d'une solution

En haut *Surnommé « Regenmeister » (le maître de la pluie), Rudolf Caracciola est au volant de la voiture portant le numéro 1, une Mercedes type S prête à courir sur le circuit du Nürburgring en 1927. Caracciola va gagner la course, suivi à la deuxième et à la troisième place par ses équipiers Rosenberger (n° 2) et von Mosch (n° 3).*

Ci-dessus *Caracciola remporte l'épreuve au volant de la Mercedes n° 1.*

d'avenir pour des voitures non polluantes. Ferdinand Porsche vient de se faire une réputation de précurseur et de spécialiste du 4 x 4 qui reste encore d'actualité.

DES HAUTS ET DES BAS

Six ans après l'Exposition de 1900, Ferdinand, déjà célèbre, se voit offrir le poste de directeur technique chez Austro-Daimler, filiale autrichienne de Daimler. Il vient de franchir une étape décisive. Il va pouvoir concevoir les voitures dont il rêve pour une grande firme, disposant des capitaux nécessaires pour concrétiser ses projets. Il restera plus de vingt ans chez Daimler et sera finalement promu ingénieur en chef de la maison mère, devenue entre-temps une marque mondialement connue sous le nom de Daimler-Benz. Il quitte l'entreprise en 1928, mais celle-ci fera encore souvent appel à lui.

Dès son arrivée, Ferdinand se distingue. Les années 1920 voient naître des épreuves d'endurance afin de tester la résistance des nouvelles voitures de sport. Financée par le prince Henri de Prusse, la course « Prinz Heinrich » traverse l'Allemagne, la Pologne, la Hongrie et l'Autriche actuelles pour s'achever à Munich. La compétition est acharnée et l'accent est bientôt mis sur la vitesse. C'est pour cette course prestigieuse que Porsche conçoit l'Austro-Daimler 22/80PS, un modèle à carrosserie profilée équipé d'un moteur révolutionnaire, en l'occurrence un quatre cylindres à arbre à cames en tête et cinq soupapes inclinées par cylindre (une pour l'admission et quatre pour l'échappement) développant 95 ch. Il a pour challenger l'équipe allemande et son moteur Benz à quatre soupapes. C'est un triomphe. Les Austro-Daimler remportent les trois premières places et le modèle est baptisé « Prinz Heinrich ».

Mais le premier conflit mondial éclate et, pour répondre aux besoins de la machine de guerre, l'entreprise se consacre à des engins moins exotiques. Porsche continue à faire parler de lui et, en 1916, il est nommé directeur général de la firme autrichienne. L'année suivante, il reçoit ce qu'il appellera sa « distinction préférée » : le titre de docteur *honoris causa* de l'université technique de Vienne, celle-là même où il s'était introduit en fraude pour apprendre le génie mécanique et le dessin industriel. La fameuse abréviation Dr. Ing. h.c. sera désormais associée à son nom, comme si elle en faisait partie intégrante.

En 1923, fidèle à sa réputation de forte tête, il claque la porte d'Austro-Daimler. Il sera de retour quelques mois plus tard, mais cette fois comme directeur technique de la maison mère à Stuttgart. Son travail lui vaut alors un second doctorat décerné par l'université technique locale. Il ne sera plus désigné que comme le « docteur » (ou le « professeur ») Porsche. Son amour pour les courses se confirme et aboutit à la conception de voitures hors normes comme cette 2 litres et huit cylindres de 1925-1927, qui enregistre 21 victoires sur les 27 courses disputées pour Mercedes Benz, avec au volant le grand Rudolf Caracciola, alias « Regenmeister » (le maître de la pluie).

Après la fusion de Daimler et du groupe Benz en 1926, d'autres modèles étonnants sortent des cartons de Ferdinand Porsche. C'est lui qui est à l'origine d'une série de voitures parmi les plus exceptionnelles de tous les temps : les Mercedes-Benz K et S. Offrant à la fois vitesse, confort et prestige à leurs heureux et richissimes propriétaires, les Mercedes 6,2 litres K, 6,8 litres S et 7 litres SS, SSK et SSKL de la fin des années 1920 sont acclamées partout. Elles se couvrent de gloire en dominant les courses des années 1920 et 1930 et monopolisent l'attention des passionnés, quelle que soit leur nationalité. Mais ces merveilleux engins se méritent. Les ateliers produisent à peine 31 Mercedes SSK avec moteur à compresseur, le plus célèbre propriétaire d'une d'entre elles n'étant autre que Zeppo Marx.

Porsche a conscience qu'un tel marché est trop limité et, même si l'idée ne l'enthousiasme pas, il sait qu'il faudrait imaginer une voiture pour le plus grand nombre. Alors même qu'il poursuit son rêve de voiture parfaite, il comprend qu'il existe une forte demande pour un modèle de base, à un prix abordable. L'idée est reprise par Hitler et aboutit à la conception de la plus célèbre voiture de Ferdinand Porsche, qui pourtant ne porte pas son nom : la fameuse Volkswagen, ou « coccinelle ». Mais à l'époque, les patrons de Daimler ne sont pas séduits par le projet. Déjà en 1928, quand Porsche leur a proposé de produire en masse une petite Daimler, ils ont rejeté l'idée, jugée trop avant-gardiste. C'est alors que le « docteur », dépité, a décidé de quitter l'entreprise.

Il fait ensuite un bref séjour chez Steyr, mais la crise provoque la faillite du constructeur et Ferdinand se retrouve au chômage avec plusieurs handicaps. Il a déjà cinquante-cinq ans et une solide réputation de forte tête. Malgré son talent, il est loin d'être l'employé idéal, et le marché ne manque pas de jeunes loups plus dociles et bardés de diplômes. Certes, on lui fait des offres, mais il exige de participer à la direction et personne ne veut lui accorder cette faveur. Heureusement, les entreprises s'arrachent ses conseils. Mais il a beau être dans le métier depuis près de trente ans, ses idées pragmatiques et visionnaires sont toujours mises à l'écart, comme le racontera plus tard son fils : « Mon père considérait qu'après l'avoir

En haut *La Type 166 (Schwimmwagen), version amphibie dérivée de la Volkswagen conçue par Porsche, fut produite de 1942 à 1944.*

Au milieu *Adolf Hitler à bord d'une coccinelle avec Ferdinand Porsche debout à ses côtés.*

En bas *La Type 82 (Kübelwagen), autre dérivé militaire de la coccinelle, est ici en version chenillée (Type 155) pour faciliter ses évolutions sur la neige.*

En haut *L'Auto Union Type C de 1936 a remporté de très nombreuses courses. Elle est aussi l'œuvre de Ferdinand Porsche.*

Ci-dessus *La Type 360 Cisitalia de 1947est la première voiture de course dessinée par Ferry Porsche. La somme payée par Piero Dusio pour cette commande a permis de libérer Ferdinand Porsche de prison.*

employé, une marque pouvait vivre encore dix ans grâce à ses études et travaux. Mais lui en était incapable… » La culture d'une grande entreprise, avec ses conflits de personnes, sa bureaucratie et ses luttes de pouvoir, lui est insupportable et il accepte mal de voir ses employeurs engranger des bénéfices bien plus importants qu'il n'en récoltera jamais avec ses dessins. Il décide alors de faire cavalier seul. Le 6 mars 1931, avec le soutien de quelques investisseurs, il fonde à Stuttgart le Porsche Konstruktionburo für Motoren-Fahrzeug-Luftfahrzeug und Wasserfahrzeugbau. Alors que la récession et l'inflation font rage, cet intitulé a tout d'un défi. Mais, grâce à la persévérance, au talent et aux compétences de l'équipe Porsche, la firme ne cesse de se renforcer jusqu'à la mort de son fondateur en 1951, malgré des périodes moins fastes, comme celle traversée à l'issue de la Seconde Guerre mondiale lorsqu'on lui reprocha ses travaux effectués pendant le conflit.

Pendant les cinq ans et demi de guerre, Porsche et les membres de son équipe n'ont pourtant pas le choix. Il leur faut répondre aux exigences des hommes au pouvoir. Leur talent est mis à contribution pour concevoir et construire plusieurs véhicules militaires, dont la Type 60, une version tout-terrain de la coccinelle (voir le chapitre 2) et, en 1941, la Type 166, un modèle amphibie baptisé « Schwimmwagen ». Mais on peut faire le même constat pour bien des entreprises allemandes. Qui pouvait alors s'opposer à l'État ? Et si le Dr Porsche a rencontré Hitler au début de la guerre, c'est uniquement pour obtenir des fonds afin de développer un projet de voiture de course révolutionnaire. Il n'adhère alors pas à l'idéologie nazie, mais cherche seulement à tirer profit de sa réputation pour obtenir le financement indispensable à ses travaux. À l'inverse de son fils, Ferdinand Porsche n'a aucun sens politique. Obsédé par son métier d'ingénieur, il ne se pose pas de questions morales. Si des subventions publiques sont disponibles, qu'il s'agisse d'une voiture de course ou d'un char, il cherche simplement à être le meilleur.

Personne n'est donc vraiment surpris quand, à la mi-1945, des militaires alliés se présentent chez lui pour le conduire en détention. Mais, en novembre de la même année, les Français l'invitent à leur quartier général de Baden-Baden. On veut, semble-t-il, lui faire redessiner la coccinelle afin de lui donner une allure plus « française ». Il s'agit de déplacer la production en France au titre des réparations de guerre. L'offre est sans doute sérieuse. En France, les usines Renault sont déjà nationalisées et Louis Renault a été arrêté pour collaboration. Mais les Français eux-mêmes n'arrivent pas à se mettre d'accord. Conduits par Jean-Pierre Peugeot, les fabricants automobiles ne veulent pas d'une Volkswagen française. Le 15 décembre, Ferdinand, son fils Ferry et Anton Piëch, juriste de la firme et gendre du « professeur », sont arrêtés pour crimes de guerre. Ferry est assez vite relâché et retourne travailler dans l'entreprise familiale, mais Ferdinand et Anton Piëch sont emprisonnés sans procès à Dijon. Âgé de soixante-dix ans, Ferdinand, malade, souffre des dures conditions de sa détention.

Il est finalement libéré à l'âge de soixante-treize ans, deux ans avant une terrible attaque qui, en novembre 1950, lui enlève toute liberté de mouvement. Quelques jours plus tôt, à l'occasion de ses soixante-quinze ans, son fils lui a fait visiter l'usine Volkswagen de Wolfsburg.

Ci-dessus *C'est au volant d'une Auto Union Type C que Tazio Nuvolari remporte le Grand Prix de Monza en 1937.*

Toute bourdonnante d'activité, elle tourne à plein régime pour produire cette coccinelle que Ferdinand a dessinée. On rapporte que le «professeur» est ravi. C'est la dernière fois qu'il visite une usine avant de s'éteindre en janvier 1951.

FERRY, LE NOUVEAU PROFESSEUR

L'année 1909 est sans doute celle de la contribution la plus importante de Ferdinand Porsche à l'histoire de l'automobile, en dehors des voitures elles-mêmes, car elle marque la naissance de son fils. Ferdinand Anton Ernst Porsche voit le jour à Wiener Neustadt en Autriche. Il est le second enfant de la famille, après sa sœur Louise, de cinq ans son aînée. Elle aussi apportera sa pierre à l'œuvre commune en prenant la direction de l'affaire familiale au moment de l'incarcération de son père, de son frère et de son mari après la Seconde Guerre mondiale. Le premier surnom du jeune Porsche est Ferdy, mais comme il le racontera cinquante ans plus tard, sa gouvernante lui préfère celui de Ferry, diminutif de Franz, qu'il conservera toute sa vie.

Comme son père, Ferry montre des dispositions précoces pour la mécanique. Dès qu'il en a la capacité, le voilà au volant d'une voiture. Il a à peine douze ans quand son père l'autorise à conduire l'Austro-Daimler Sascha, qui vient de gagner la course Targa Florio (voir page 11). Il accompagne son père sur les circuits et visite même Indianapolis en 1923. Il est si enthousiasmé qu'il supplie son père de lui construire une deux cylindres à sa taille.

Ci-dessus *Photo prise dans les bureaux Porsche de Zuffenhausen près de Stuttgart en 1950. L'entreprise vient tout juste de se réinstaller en Allemagne, après des années passées en Autriche à la suite de la guerre.*
De gauche à droite, on reconnaît : Leopold Jäntschke, Ferry Porsche, Ferdinand Porsche et Emil Soukup.

Il passe sa jeunesse à jouer autour et dans l'usine Austro-Daimler. La même année, quand les Porsche déménagent à Stuttgart, pour suivre Ferdinand qui travaille désormais chez Daimler-Benz, l'usine et le bureau de son père deviennent sa seconde maison. Il s'intéresse à tout ce qui touche à l'automobile. Il se fait remarquer des employés par sa curiosité et ses questions sur les étapes de fabrication qu'il observe autour de lui. Rien n'échappe à son attention. Il fait ses classes à Wiener Neustadt puis à Stuttgart, et a la réputation d'un matheux. Il quitte l'école à l'âge de dix-huit ans pour entrer en apprentissage chez Bosch. C'est aussi à Stuttgart qu'il rencontre sa femme Dorothea, dont il aura quatre fils.

De toute évidence, son père attend de lui qu'il lui succède à la tête de l'entreprise familiale, avant même qu'elle ne soit constituée. En 1930, il fait donner à Ferry des cours de physique et de mécanique pour le préparer à son nouveau rôle. Le choix est judicieux, le fils va se révéler un ingénieur et un chef d'entreprise aussi brillant que son père. Impliqué dans l'affaire familiale dès ses débuts, il va jouer un rôle non négligeable dans la conception et la construction de nombreux modèles, dont les voitures de grand prix pour Auto Union. Il est aussi responsable des essais et s'assoit volontiers au volant sans éprouver la moindre peur, jusqu'au jour où son père déclare : « J'ai suffisamment de pilotes mais je n'ai qu'un fils. »

C'est grâce à Ferry et à ses talents d'ingénieur que son père et Anton Piëch sont libérés de prison. Prenant très tôt conscience de l'issue de la guerre, Ferry s'est toujours gardé de faire de la politique. Il est donc relâché quelques semaines après son arrestation et retourne dans l'entreprise familiale qu'il dirige avec sa sœur Louise. La firme a quitté Stuttgart pour Gmünd en Autriche. Ferry garde une équipe restreinte en activité. Il lui confie des travaux de réparation et la construction de machines agricoles, en lui promettant des jours meilleurs. Heureusement, ces derniers ne se font pas attendre. Ferry travaille dur pour décrocher des commandes. La réalisation de la Cisitalia Type 360 lui procure les fonds nécessaires au paiement de la caution pour libérer son père et Anton Piëch (deux fois un demi-million de francs). Révélée au Salon de Turin de 1949, la Cisitalia a été conçue pour Piero Fusio (voir chapitre 9). C'est la première voiture de course à combiner un moteur central et quatre roues motrices. Mais Ferry ne s'arrêtera pas là.

Son rêve est de réaliser la première vraie « Porsche ». Il cherche à créer une voiture à la fois pratique, compacte et élégante, adaptée à un usage quotidien mais offrant à son propriétaire de fortes accélérations, un freinage irréprochable et une excellente tenue de route. « Si je réussis à construire la voiture que j'ai en tête, elle devrait combler les rêves de bien des conducteurs », aime-t-il alors à répéter. Dès 1939, il a commencé à réfléchir à un modèle semblable, en partant de la Volkswagen sur laquelle il travaille alors avec son père. L'idée est toujours valable en 1947, car, à l'époque, les rares composants disponibles sont précisément ceux de la coccinelle. C'est ainsi qu'en 1948 naît la légendaire Porsche 356, avec un châssis tubulaire, une carrosserie en aluminium et un moteur de coccinelle, un quatre cylindres de 1 131 cm^3 monté à l'arrière. Le fils s'est montré digne du père. À sa sortie de prison, Ferdinand l'approuve et déclare à ses employés qu'il aurait conçu la Cisitalia et la 356 exactement de la même manière.

Ferry dirige à présent l'entreprise avec son père et, après sa mort, il va la conduire au succès. De 1951 au début des années 1970, il investit son énergie et son talent dans la création de modèles toujours plus performants mais aussi dans l'amélioration du service après-vente et du marketing de Porsche, sans oublier, bien sûr, la participation de la marque aux courses automobiles. Il exige beaucoup de ses ingénieurs, de ses mécaniciens et de ses pilotes, mais les résultats sont au rendez-vous. Il n'hésite pas à se lancer dans d'audacieuses innovations techniques et donne à la firme l'enviable réputation d'un producteur indépendant de voitures de sport, dont la technologie est l'une des plus avancées au monde. Il a le bonheur de voir son fils Butzi s'intéresser, lui aussi, à l'automobile et l'aider, à partir de 1961, à dessiner des modèles comme la 911 avec ses lignes exceptionnelles et son moteur conçu par le cousin de Butzi, Ferdinand Piëch. Comme nous le verrons plus loin, c'est finalement une querelle de famille qui oblige Ferry à passer la main, mais, sans lui, la marque ne serait jamais devenue ce qu'elle est aujourd'hui.

En 1965, Ferry Porsche reçoit, comme son père, le titre de docteur *honoris causa* de l'université technique de Vienne, en récompense de ses multiples réalisations dans le domaine de l'automobile. En 1984, à l'âge de soixante-quinze ans, il se voit même attribuer le titre de « professeur ». Mais ce pionnier génial de la voiture de sport a remporté bien d'autres médailles. Il meurt le 27 mars 1998 dans sa maison de Zell am See en Autriche. Il a alors quatre-vingt-huit ans.

Ci-dessus *En 1954, Ferry Porsche pose fièrement devant les nouvelles 356, à peine sorties des chaînes de montage.*

Ci-dessous *On voit ici Ferry, trente-cinq ans plus tard, au volant d'une 911 Speedster pour fêter le 25e anniversaire du prestigieux modèle.*

chapitre
2

L'évolution d'une marque

S PR 983
K45-286

Page précédente *Cinquante ans les séparent : la 356/001 de 1948 pose ici aux côtés d'une 911 sortie des chaînes en 1998.*

Ci-dessous *Construite pour NSU, la Type 32 est ici photographiée devant les bureaux de Porsche à Stuttgart en 1933. Le modèle ne sera jamais développé commercialement faute d'investissements.*

En bas *Les premiers prototypes de Volkswagen imaginés par Ferdinand. Sorties des ateliers vers 1936, les Porsche VW3 (à droite) et VW30 (à gauche) sont immortalisées devant la maison de leur concepteur.*

Revenons en 1931, année où naît la firme de Ferdinand Porsche. L'époque est tout sauf favorable à la création d'entreprise. Dans le monde entier, l'industrie et le commerce sont ébranlés par le krach de Wall Street d'octobre 1929. Plusieurs institutions financières d'Europe centrale et orientale ont fait faillite, entraînant dans leur sillage de nombreuses sociétés. L'argent se fait rare, surtout pour les produits de luxe comme les automobiles. Afin d'élargir sa clientèle, Ferdinand ne restreint pas les activités de sa jeune entreprise à un secteur donné des transports. Basé à Stuttgart, le bureau d'étude Porsche se fait fort de concevoir des trains, des bateaux, des avions et, bien entendu, des voitures. Son équipe est prête à accepter toutes les commandes et espère en tirer profit pour son développement.

DES DÉBUTS MODESTES

Le premier contrat ne tarde pas. Le constructeur Wanderer de Chemnitz passe commande d'une voiture avec un moteur six cylindres de 2 litres. Sans tenir compte de sa réputation déjà bien établie, Ferdinand a l'idée de baptiser le projet « Porsche Type 7 », pour que sa petite équipe n'ait pas l'air d'en être à son coup d'essai. Quelques années plus tard, impressionné par cette réussite, Auto Union, nouveau propriétaire de Wanderer, s'adressera à Porsche pour l'étude d'une nouvelle voiture de course.

Malgré son habileté, Ferdinand a fort à faire pour consolider son entreprise. Mais il sait comment construire des voitures, mais aussi des moteurs performants de bateaux, de trains ou d'avions. Il s'entoure de collaborateurs qui ont toute sa confiance. Le brillant ingénieur en chef Karl Rabe est secondé par Erwin Komenda (carrosserie), Karl Frolich (transmission), Josef Kales (moteur), Josef Zahradnik (direction et suspension), Francis Reimspiess (motoriste célèbre, concepteur du moteur de la coccinelle), Hans Mickl (aérodynamique), Adolf Rosenberg (commercialisation). Ils sont rejoints par deux proches parents, le juriste Anton Piëch (gendre de Ferdinand Porsche et futur père de Ferdinand Piëch, actuel président de Volkswagen) et enfin Ferry Porsche, propre fils du fondateur.

Durant les années 1930, le bureau accepte toutes sortes de commandes, y compris la conception de petites voitures pour les constructeurs de motos Zündapp et NSU. Baptisée Type 32, la dernière est une préfiguration de la « Volkswagen » ou « voiture du peuple ». C'est en contractant un emprunt sur son assurance vie que Porsche se lance dans le projet. L'investissement va se révéler rentable. Avec son moteur boxer refroidi par air, la Type 60, future « coccinelle », sera exportée dans le monde entier. À l'origine, les nazis veulent produire la voiture en masse pour les travailleurs allemands. Selon le mot d'ordre d'Hitler, chaque foyer a non seulement droit à sa radio mais aussi à sa voiture ou à son tracteur. En juin 1934, les autorités du IIIe Reich signent le contrat pour la fabrication du prototype. À la fin de 1936, le garage du Dr Porsche en abrite trois et, début 1937, de nouvelles études aboutissent à la production de trente véhicules d'essai par Daimler-Benz. La suite appartient à l'histoire. La « coccinelle » vaut à Porsche de substantielles royalties pour consolider son entreprise. En dépit de ses débuts contestables, elle reste l'une des voitures les plus appréciées au monde, et le nombre de ses admirateurs a de quoi faire pâlir d'envie bien des constructeurs. Même si VW en a suspendu la production en Europe, elle reste fabriquée sous licence au Mexique.

Mais ce ne sont pas les voitures populaires qui intéressent le plus Porsche. Certes, s'il quitte Daimler-Benz, c'est parce que le constructeur se détourne de ce genre de véhicules. Mais, dans son esprit, une routière, si

réussie soit-elle, ne fait pas le poids face à sa passion des courses. On n'est donc pas surpris de le retrouver comme concepteur de l'Auto Union Type 22 (futur Type C), un véritable pur-sang, premier modèle à utiliser avec succès la technique du moteur central.

L'AVENTURE AUTO UNION

Comme nous l'avons mentionné, c'est la direction d'Auto Union, impressionnée par la Porsche Type 7, qui sollicite Porsche. Celui-ci est sans aucun doute flatté par cette requête, mais sa réponse positive va susciter des questions sur son rôle dans la machine de guerre nazie et contribuer plus tard à son incarcération. Hitler promet une enveloppe de 500 000 RM (250 000 dollars) à la firme qui réalisera et fera concourir une voiture de compétition dans la catégorie des moins de 750 kg. Daimler-Benz et Auto Union sont sur

À gauche *Pendant la Seconde Guerre mondiale, la firme déménage en Autriche. On aperçoit ici le bureau de Ferdinand Porsche à Gmünd, en Carinthie. La voiture qui sort des ateliers est un cabriolet VW de présérie.*

Ci-dessus *Depuis 1938, le bureau d'étude Porsche se trouve Spitalwaldstrasse à Zuffenhausen, un quartier de Stuttgart. Pendant la guerre et l'immédiat après-guerre, les locaux ont été occupés par les militaires.*

En bas, à gauche *L'Auto Union Type C, telle que l'a imaginée Ferdinand Porsche. Elle est présentée ici au Festival Goodwood de la vitesse, où elle suscite, entre autres, l'admiration de sir Stirling Moss.*

Ci-dessous *Le châssis de l'Auto Union Type A (1934-1937), conçu par Ferdinand Porsche. Son moteur seize cylindres en V à 45° suralimenté est exceptionnel. D'une cylindrée de 6,1 litres, il développe 520 ch à 5 000 tr/min et fournit un couple remarquable de 87 mkg à 2 500 tr/min.*

les rangs. C'est Daimler qui l'emporte, mais Auto Union revient à la charge en demandant à Porsche d'aller personnellement présenter ses plans à Hitler. La force de persuasion de l'ingénieur est pour beaucoup dans la décision du Führer de partager la prime entre les deux constructeurs. Sans se laisser décourager par cette réduction de budget, Mercedes-Benz va engager ses « flèches d'argent » pour affronter Auto Union dans les grandes compétitions automobiles. Produite pour la circonstance, la Type 22 d'Auto Union est la première voiture de course dont la conception doit autant à Ferry Porsche qu'à son père.

Même s'ils s'inspirent en partie de la Mercedes « Tropfenwagen » (goutte d'eau) de 1923, les plans de l'Auto Union sont novateurs. La voiture est entraînée par un seize cylindres en V développant le maximum de puissance à bas régime, avec un seul arbre à cames central en tête. Cette configuration a été imaginée par Ferdinand Porsche à ses moments perdus. Conçu à l'origine comme un 6 litres, le moteur engagé est finalement un 4,5 litres développant 295 ch. Il est placé devant l'essieu arrière, juste derrière le pilote, une implantation adoptée par toutes les formules 1 modernes. Avec ses deux blocs-cylindres inclinés à angle droit, il est entouré d'un châssis tubulaire habillé d'une carrosserie légère en aluminium. Châssis et carrosserie pèsent à peine 45 kg : un exploit. Pour les suspensions, Ferdinand Porsche a imaginé des solutions différentes pour l'avant et pour l'arrière. Le réservoir a été installé au centre du véhicule, entre le cockpit et le moteur, afin de réduire les effets négatifs sur le comportement routier des transferts de masse opérés par les différences de niveau de carburant en cours d'épreuve.

Sur les premiers exemplaires, celui-ci est désastreux. En effet, en raison de la puissance du propulseur et des accélérations sans précédent de la machine, le pilote peut facilement être amené à faire patiner ses roues arrière à 240 km/h ! En 1936, son amélioration aboutit à la Type C, avec un moteur 6 litres de 520 ch. La voiture domine les grands prix de la saison et offre le titre de champion d'Europe à son pilote Bernd Rosemeyer. Auto Union dispose maintenant de redoutables machines capables de l'emporter partout, aussi à l'aise en montagne que sur autoroute où elles établissent de nombreux records de vitesse.

Ci-contre *L'Auto Union de 1938 aligne un palmarès impressionnant. On voit ici Bernd Rosemeyer au volant de la voiture et en pleine conversation avec Ferdinand Porsche.*

LES ANNÉES DE GUERRE

Si exaltante que soit l'aventure Auto Union, il faut songer à gagner de l'argent. En 1936, les prototypes de la Volkswagen sont à l'essai et, deux ans plus tard, Porsche supervise la construction des chaînes d'assemblage de l'usine de Wolfsburg. La Type 60 ou « coccinelle » est peaufinée pour être produite en série. Cela n'empêche pas Porsche de poursuivre son but tant convoité : réaliser une voiture de course portant son nom. Alors que le monde court à la catastrophe, Porsche et sa petite équipe de passionnés mettent la dernière main à trois voitures d'exception.

Si la Type 64 reprend la mécanique de la coccinelle, elle a été poussée à 1,5 litre. Quant aux lignes tout en rondeurs, propres au style d'Erwin Komenda, elles cèdent la place à une carrosserie en aluminium au profil aérodynamique. La voiture est destinée à la course Berlin-Rome. Organisée pour resserrer les liens entre Hitler et Mussolini, la compétition n'aura jamais lieu. À la fin de l'été 1939, Hitler envahit la Pologne. Neville Chamberlain et Édouard Daladier annoncent aussitôt avec tristesse que la Grande-Bretagne et la France sont en guerre avec l'Allemagne. Le début de la Seconde Guerre mondiale vient sonner le glas de la Type 64. Le modèle mérite pourtant toute notre attention, car il préfigure les premières Porsche. Ses lignes élégantes et profilées, son moteur refroidi par air à cylindres horizontaux opposés, ou « boxer », monté à l'arrière, la forme unique du châssis et ses excellentes performances (plus de 140 km/h) sont autant d'éléments qui vont caractériser la marque.

Bien sûr, la période voit la naissance d'autres véhicules comme les versions militaires de la coccinelle. Mais Porsche n'éprouve pas d'enthousiasme pour ces réalisations. Il ne se passionne ni pour les jeeps ni pour les engins amphibies, mais, comme durant toute guerre, il exécute sans sourciller les commandes de l'État. Il en paiera les conséquences, une fois le conflit terminé.

Ci-dessus *Seules trois Porsche Type 60K10 ont été construites. L'une d'entre elles est photographiée devant la maison du patron en 1939. Le style Porsche est facilement reconnaissable sur ce modèle que le « professeur » conduira pendant toute la guerre.*

L'APRÈS-GUERRE ET LES PREMIERS MODÈLES DE FERRY

Nous avons déjà évoqué les conséquences du travail de Ferdinand Porsche pour le gouvernement allemand : son arrestation et son incarcération dans une prison française. Mais le « professeur » survit à l'épreuve. Vingt mois plus tard, lui et Anton Piëch sont libérés contre deux rançons de 500 000 francs. Si la famille Porsche peut alors verser ces sommes, c'est grâce à l'argent gagné par Ferry avec la Cisitalia Type 360. Le commanditaire de la voiture est Piero Dusio, riche industriel et ancien coureur automobile italien. Même si elle ne participe à aucune course, la voiture va faire date.

Ferry a prouvé sa valeur, et la Cisitalia n'est qu'un début. Il dessine aussi les plans de la 356, première routière sportive de la marque, un modèle si essentiel que le chapitre suivant lui sera entièrement consacré. Comme les voitures de course, la 356 est équipée d'un moteur central disposé devant l'essieu arrière, mais nombre de ses composants sont

En haut *En 1951, la Porsche 356A de Veuillet et Mouch vaut à Porsche sa première victoire au Mans.*

Ci-dessus *Portail de l'entreprise de carrosserie Reutter à Zuffenhausen. À son retour à Stuttgart au début des années 1950, Porsche partage les ateliers du carrossier. Aujourd'hui, cette même porte marque l'entrée principale de la firme au nº 1 de la « Porscheplatz ».*

des pièces modifiées de coccinelle, faciles à se procurer à l'époque. Ferdinand Porsche ayant donné son aval, la production démarre peu de temps après. La certitude de laisser son entreprise dans de bonnes mains, avec des projets viables, console sans doute le vieil homme qui vit ses dernières années. En 1950, la firme s'établit à nouveau à Stuttgart. Ses locaux de Zuffenhausen étant occupés par les Américains, il lui faut partager les ateliers du carrossier Reutter, avec qui elle signe un contrat pour la fabrication de cinq cents carrosseries pour 356. De quoi, pense Ferdinand, satisfaire la demande mondiale pour ce modèle. Il ne sait pas à quel point il se trompe !

Mais, peu après son retour à Stuttgart, le vieil homme décède. Il a eu le temps de voir la 356 sortir des chaînes de montage (d'abord à Gmünd puis à Stuttgart) et remporter sa première victoire dans la catégorie 1 100 cm^3 aux Vingt-Quatre Heures du Mans. Porsche est sur le chemin du succès.

PORSCHE SANS LE DOCTEUR PORSCHE

Le décès de Ferdinand en 1951 est un coup dur, qui marque la fin d'une époque, mais la firme se retrouve dans les mains expertes de Ferry. Il en sera ainsi pendant deux décennies. La marque n'est qu'au début d'une irrésistible ascension qui va la conduire à la première place dans le cœur des passionnés de courses autos du monde entier. La partie ne sera jamais facile, mais, en dépit de débuts modestes, Ferry Porsche et l'entreprise qu'il a contribué à créer feront toujours preuve de persévérance.

Dans les premières années, il s'agit de développer et de perfectionner la 356. Le succès est au rendez-vous. Dépassant de loin les cinq cents unités initialement prévues, la voiture continue à évoluer dans ses versions tant de tourisme que de compétition. Comme nous le verrons au chapitre 3, elle prolonge sa carrière jusqu'en 1965, soit un an après la naissance de sa remplaçante, la 911. Les usines Porsche en ont alors produit pas moins de 78 000 exemplaires !

En 1953, tandis que la 356 vole de victoire en victoire (400 jusqu'en 1956), Porsche sort le 550 Spyder, premier modèle conçu d'emblée comme une voiture de course. Il est équipé d'un moteur Fuhrmann de 110 ch, un quatre cylindres de 1,5 litre avec quatre arbres à cames en tête. Le bolide est immédiatement engagé au Mans et ses performances lui valent d'être comparé à un « requin dans un bassin de perches ». Avec Richard von Frankenburg au volant, il affronte des engins d'une puissance bien supérieure. Il servira de base à la célèbre Carrera, dérivée de la 356, et à son dérivé très sportif 550 A, qui remporte la Targa Florio de 1956, malgré une compétition acharnée. Le Spyder marque l'aboutissement du rêve de Ferry : devenir un constructeur de voitures taillées pour la course. Mais ce n'est qu'un commencement.

SUR LE CHEMIN DE LA GLOIRE

En 1957, Porsche franchit une nouvelle étape avec l'entrée en compétition du type 718. Connue à l'origine sous le sigle RSK et dotée d'un nouveau type de suspension, la voiture sera, pendant sept ans, engagée dans les courses, tant par l'usine directement que par ses nombreux clients. Son palmarès est impressionnant : outre les victoires dans sa catégorie, la 718 remporte la Targa Florio et les Vingt-Trois Heures de Sebring, en 1960. C'est grâce à elle que Dan Gurney, Wolfgang von Trips ou Jo Bonnier font, parmi d'autres, leurs premières armes.

En 1962, Porsche frappe un grand coup en se lançant dans la formule 1 avec sa 804 qui lui vaut sa première victoire de grand prix. Deux ans plus tard, Porsche lance la 904, suivie peu après par la 906 et la 907. Porsche remporte aussi de grands rallyes. En 1968, la marque se classe en tête des Vingt-Quatre Heures de Daytona, puis gagne en 1969 le premier championnat pour voitures de sport. La 914 reçoit un accueil enthousiaste au Salon de Francfort et, dans les années 1970, elle fait des débuts fracassants en gagnant presque toutes les courses auxquelles elle participe, en tout cas dans sa catégorie.

La firme délaisse-t-elle pour autant le reste de sa gamme ? Le public qui aime les courses se montre-t-il satisfait des voitures proposées par Porsche ? De toute évidence, il apprécie la 911, née 901. Présentée pour la première fois en 1963, cette dernière peut être achetée par quiconque dispose de la somme nécessaire. Elle souffre au départ d'un comportement routier délicat, un problème qui sera résolu par la suite dans les versions ultérieures.

En bas, à gauche *Au Mexique, en 1954, cette Porsche 550 numéro 55, pilotée par Hans Herrmann, se classe première de sa catégorie à la Carrera Panamericana et remporte la troisième place au classement général.*

Ci-dessous *En 1966, Porsche réalise les premiers tests de sécurité par choc frontal. L'expérience a lieu dans la maison mère de Stuttgart. Pour la cause, une voiture (ici une 904) va être projetée au sol depuis une grue mobile.*

Ci-dessus *Wendelin Wiedeking, actuel directeur général de Porsche AG, photographié en 1998. Il a ouvert de nouvelles voies pour la société. L'entreprise et les actionnaires viennent récemment de lui manifester leur confiance en le reconduisant à son poste pour cinq ans.*

À droite *Sur cette photo aérienne, on découvre le centre de recherche et de développement de Weissach. C'est le 16 octobre 1961 que Ferry Porsche a posé la première pierre de ce fabuleux outil de travail.*

FERRY TIRE SA RÉVÉRENCE

Malheureusement, les liens entre la famille et la firme Porsche se distendent peu à peu. Dès le début des années 1970, confrontés aux rivalités familiales et craignant que le népotisme ne fasse courir de graves risques à la santé et aux fondements mêmes de l'entreprise, Ferry décide, avec d'autres membres de la famille Porsche, de se retirer. En 1972, il cède une partie des parts de la société. Il cherche ainsi à la protéger d'un travail de sape quasi quotidien. Les avoirs sont donc mis en vente, la direction est confiée aux employés les plus compétents et les familles de Ferry et de sa sœur Louise Piëch endossent le rôle de simples actionnaires. À la fin de l'opération, Ferry, Louise et leurs huit enfants détiennent chacun 10 % des parts. Ferry conserve le poste de directeur du bureau de contrôle, mais son rôle est bien plus limité qu'auparavant. Quoi qu'il en soit, il a déjà la soixantaine et les conséquences de ces changements sont sans doute plus déterminants pour les membres de la génération suivante, souvent impliqués dans la gestion des usines. Si elle était difficile, la décision n'en fut pas moins salutaire car, sans elle, la firme risquait de s'autodétruire et de disparaître.

Au départ, la nouvelle équipe néglige l'esprit maison. La famille ayant quitté la direction, les successeurs s'écartent de la devise du fondateur : « Chez Porsche, nous ne faisons que fabriquer des voitures de sport. » Ils adoptent une stratégie à deux directions, d'un côté celle des grandes routières et, de l'autre, celle de modèles sportifs proposés à des prix attractifs et destinés à être produits massivement. Mais il apparaît très vite que, si une Porsche n'est plus une Porsche, autrement dit exclusive, petite, authentiquement sportive, dotée d'une ligne inégalable et réservée financièrement à une élite, elle perd tout pouvoir de séduction. Les ventes l'illustrent malgré le lancement de nouveaux modèles, tout

Ci-contre *Ferry Porsche visitant l'usine Porsche de Zuffenhausen en 1991.*

Ci-dessous *Une dernière fantaisie? Le triple champion olympique Georg Hackl brandit une luge de compétition. Utilisée, en 2002, aux Jeux d'hiver de Salt Lake City, elle a été conçue avec l'aide des bureaux d'étude Porsche de Weissach.*

au long des années 1970 et 1980, dont la 924, la 944 et sa descendante 968, et la 928, sans oublier la pléiade de leurs dérivés et des différentes versions. Toutes ces voitures sont équipées de moteurs avant refroidis par eau, perçus comme inférieurs au légendaire Flat 6 de la 911. En 1993, la production atteint son plus bas niveau depuis dix-huit ans avec seulement 13 000 véhicules vendus. Sans la 911, élément phare de la marque toujours produit à l'époque, celle-ci aurait bien pu disparaître.

LE RETOUR AU SOMMET

Depuis quelques années, la marque dispose d'une équipe stable et efficace sous la houlette de son nouveau directeur, Wendelin Wiedeking. Les erreurs des décennies précédentes sont oubliées, et l'entreprise a retrouvé le chemin de la croissance. En renonçant aux grandes routières et en lançant de nouveaux modèles de 911, Carrera, GT2, Turbo, sans oublier la très intéressante gamme Boxster, tous avec des innovations à la pointe de la technique, la gamme Porsche a su regagner la faveur de clients privilégiés. Ajoutez-y une politique commerciale particulièrement efficace et Porsche est à nouveau un nom sur lequel il faut compter.

Après soixante et onze ans d'activité, Porsche aborde un nouveau chapitre de son existence, avec une volonté permanente de se renouveler. Aujourd'hui, l'entreprise crée toujours des voitures aux lignes reconnaissables entre mille, alors que son département ingénierie crée et met au point de nombreux prototypes pour d'autres fabricants venus d'horizons divers. Ainsi, par exemple, en 2002, elle met même au point une luge de compétition pour les jeux Olympiques d'hiver de Salt Lake City. Une récente enquête a montré que Porsche fait partie, comme Coca-Cola, des marques les plus appréciées et les plus respectées au monde. Aussi longtemps qu'il en ira ainsi et que la marque continuera à fabriquer des voitures dignes d'être admirées par un large public, son succès semble assuré.

chapitre
3

La première Porsche

L'aventure de la 356

PORSCHE
K45-286

À la fin de la Seconde Guerre mondiale, l'Allemagne est une nation brisée et démoralisée. L'infrastructure industrielle est littéralement anéantie. Le pays est ruiné, la population choquée et désorientée. Ferdinand Porsche et son fils Ferry sont en prison. Leurs locaux de Stuttgart servent de garage de réparation aux Américains, tandis que leur talentueuse équipe passe plus de temps à remettre en état des machines agricoles qu'à construire des voitures. L'avenir semble bien sombre.

Les misères de la guerre ont toutefois un avantage, elles ont nivelé le terrain. Porsche n'est pas la seule société à devoir lutter pour se relever et personne ne peut espérer l'emporter facilement. Les plans du modèle numéro 356 voient le jour deux mois avant la mise en liberté du « professeur ». Ces hommes qui vont se hisser au sommet du sport automobile font à nouveau preuve de leur passion et de leur courage. La 356 est la première voiture à porter le seul nom de Porsche. Produite pendant près de vingt ans, elle va se vendre à 78 000 exemplaires. Le seul modèle à battre ce record sera la 911, née projet 901. Malgré des débuts fort modestes, la 356 va conforter l'excellente réputation et gonfler les carnets de commandes de la marque.

LES VOITURES DE GMÜND : 1948-1951

L'équipe Porsche s'est réfugiée dans une ancienne scierie de Gmünd, en Autriche. L'endroit est tout sauf idéal. La desserte ferroviaire est calamiteuse et les locaux aussi exigus que mal équipés. Dans sa recherche désespérée de matériaux, en particulier pendant les derniers mois du conflit, la machine de guerre allemande a réquisitionné quantité d'équipements nécessaires à la production. Pour Porsche, il est quasi impossible de s'assurer un approvisionnement régulier en pièces provenant d'Allemagne. Et comme un malheur n'arrive jamais seul, le goût immodéré pour la bouteille du carrossier en chef Friedrich Weber achève de perturber le travail.

Ces obstacles sont finalement surmontés, et la mise au point du premier prototype est menée à bien. Reposant sur un châssis à structure tubulaire, la 356/001 emprunte presque toute sa mécanique à la coccinelle. Le moteur de 1 131 cm^3 est installé en position centrale arrière,

Page précédente *La toute première Porsche à porter le nom de la marque : l'élégante et classique 356/001, construite à Gmünd en Autriche.*

Ci-contre *Les ateliers et le magasin de carrosserie Porsche sont logés dans une ancienne scierie de Gmünd, lieu de naissance de la 356.*

Page ci-contre *La 356/001 de Ferry Porsche, ici de face et de dos (on aperçoit l'élégant intérieur), participe aussi à des présentations de voitures anciennes (en bas).*

la boîte de vitesses étant montée dans son prolongement. Un double carburateur remplace l'élément simple corps d'origine, une modification qui fait passer la puissance du moteur de 25 à 40 ch. Habillée d'une carrosserie de Roadster aux lignes profilées, la voiture peut atteindre 130 km/h. Pilotée par le cousin de Ferry en personne, elle remporte la victoire au Grand Prix de Suisse de juin 1948.

Curieusement, les plans de la 356 de série, modèle coupé hardtop et cabriolet, furent finalisés avant même que le premier prototype ne soit achevé. Par rapport à celle-ci, les changements techniques étaient nombreux et non des moindres. Ainsi, par exemple, le châssis tubulaire était abandonné au profit d'une structure à caissons, à la fois bien moins coûteuse à produire et infiniment plus rigide. Avec elle, la voiture était capable de rouler, châssis nu sans carrosserie. Enfin et surtout, la disposition du moteur et de la boîte de vitesses est inversée, faisant de la 356 de série une voiture à moteur monté en porte à faux arrière et non plus central arrière. Dernier détail pratique, alors que les coupés sont fabriqués en Autriche, l'habillage des cabriolets, en aluminium martelé à la main, est confié à des carrossiers viennois et suisses.

Il ne faut pas attendre longtemps avant que la marque ne reçoive le soutien moral et financier tant espéré. Le marchand de voitures suisse Rupprecht von Senger passe commande des quatre premières 356 et signe un contrat assurant la livraison de moteurs Volkswagen et de feuilles d'aluminium produites en Suisse. Moins de cinquante voitures seront fabriquées à Gmünd. Selon les exigences des clients, chacune diffère par quelques détails, si bien que, même pour un expert, il est aujourd'hui bien difficile d'identifier chaque modèle.

Il en va ainsi pour toutes les 356, car chaque nouvelle évolution utilise des éléments du modèle précédent.

Le premier modèle « de série » utilise des phares de coccinelle. Ils sont peu performants mais leur forme ronde restera l'une des caractéristiques de la marque. Les premières 356 sont aussi identifiables à leur pare-brise en V en deux parties, moins cher à fabriquer qu'une vitre courbe d'un seul tenant. L'intérieur est minimaliste avec un tableau de bord en métal peint et un compte-tours placé face au conducteur, disposition qu'on retrouvera sur d'autres Porsche. Le volant à trois branches et le pédalier articulé au plancher sont identiques à ceux de la coccinelle, avec, au choix, des sièges individuels ou une banquette. La suspension à barre de torsion indépendante et bras oscillants est aussi empruntée à la Volkswagen, comme les freins, la direction et le moteur. Son alésage a été réduit à 73,5 mm afin d'obtenir une cylindrée de 1 086 cm^3, ce qui lui permet de courir dans la catégorie des moins de 1 100 cm^3. Un double carburateur Solex, de nouvelles culasses (à partir de 1949) dotées de plus grandes soupapes portent la puissance à environ 40 ch, transmis par une boîte de coccinelle non synchronisée à quatre vitesses.

Avec sa carrosserie aérodynamique, la petite Porsche offre des performances étonnantes, en dépit d'une conception assez rustique (Ferry Porsche dira des 356 de Gmünd qu'elles gravissent les montagnes comme des chamois et peuvent facilement atteindre les 130 km/h). Le tableau de bord est même dépourvu de niveau d'essence et le conducteur doit utiliser une jauge en bois pour évaluer la quantité de carburant ! Mais, malgré son manque de sophistication, son équipement de coccinelle et son prix relativement élevé, la 356 fait d'emblée l'objet de nombreuses commandes. Le succès est tel que les capacités de production réduites des ateliers de Gmünd sont vite dépassées. Si la marque veut augmenter sa cadence, elle doit retourner à Stuttgart. Le déménagement a lieu en 1950.

LES PRÉ-A : 1950-1955

La première véritable 356 de série, réalisée à Stuttgart et baptisée pré-A, sera produite de 1950 à 1955. Hormis une carrosserie en acier, son apparence la distingue à peine des modèles de Gmünd. Ce choix ne répond pas seulement à un souci d'économie : les ateliers Reutter de Stuttgart ne sont pas équipés pour souder l'aluminium. Le montage du châssis et de la carrosserie se fait toujours en atelier, mais beaucoup de pièces sont embouties à la presse, un gain de temps appréciable par rapport au martelage à la main. D'un poids légèrement supérieur aux modèles de Gmünd, les pré-A ont un capot plus élevé, un toit plus arrondi et des côtés inclinés qui permettent d'augmenter le volume de l'habitacle. Le pare-brise reste en V jusqu'en 1952. Si l'on excepte les ailes, transformées pour adapter leur forme à celle du nouveau pare-brise, peu de modifications seront apportées au modèle.

Sur les pré-A, les pièces qui ont été le plus souvent redessinées sont les pare-chocs. Très esthétiques, les premiers modèles épousaient parfaitement les formes de la carrosserie mais se révélaient particulièrement inefficaces quand il s'agissait d'amortir les chocs. Même des impacts à petite vitesse pouvaient gravement endommager l'avant du véhicule. Leur forme a donc été corrigée et ils ont été montés de manière plus détachée par rapport à la carrosserie.

À l'avant de la voiture, on peut lire le nom de la marque en lettres d'argent. Mais il faut attendre 1954 et une seconde modification de la poignée en alliage du capot (deux ans plus tôt, sa prise fut améliorée en ajoutant un trou) pour voir l'écusson Porsche apparaître

Ci-dessus *Vue en coupe du coupé 356 pré-A. On distingue nettement le moteur en position arrière qui va devenir une des marques de fabrique de Porsche. Les pare-chocs plus volumineux distinguent la voiture des modèles de Gmünd.*

Page ci-contre *Une 356 Roadster et un coupé de l'époque de Gmünd. Même si les ateliers autrichiens n'ont produit que 50 voitures, elles sont presque impossibles à identifier car chacune a été conçue pour répondre aux exigences de son propriétaire.*

1953 Porsche 356 pré-A (1500)

Moteur
Type : quatre cylindres à plat refroidis par air
Disposition : en porte à faux arrière
Cylindrée : 1 488 cm^3
Alésage x course : 80 x 74 mm
Taux de compression : 7,0 : 1
Distribution : un arbre à cames central, deux soupapes par cylindre commandées par des poussoirs
Alimentation : deux carburateurs Solex simple corps
Puissance : 55 ch à 4400 tr/mn
Couple : 10,8 mkg à 2800 tr/mn

Châssis
Suspension avant : train à doubles tubes superposés, bras obliques, barres de torsion à lames et barre antiroulis
Suspension arrière : demi-essieux oscillants, barres de torsion
Direction : à vis et à doigts
Freins avant : tambours
Freins arrière : tambours
ABS : non
Jantes : 3,25J x 16 en acier
Pneumatiques : 5.00-16

Transmission
Type : aux roues arrière
Boîte : mécanique manuelle à quatre rapports

Divers
Empattement : 2 100 mm
Longueur : 3 870 mm
Largeur : 1 660 mm
Poids à vide : 830 kg

Performances
Vitesse maximale : 146 km/h
0 à 100 km/h : 15 s

sur la 356. Les ailes des cabriolets portent en outre la marque des carrossiers Heuer-Gläser ou Beutler.

Beaucoup d'équipements intérieurs proviennent de la coccinelle, mais la 356 va évoluer. Un habillage en cuir et en tissu sera bientôt proposé. Le tableau de bord de métal peint, avec son décrochement pouvant loger une radio, comprend un compteur de vitesses et une montre. Au printemps 1952, celle-ci cède la place à un compte-tours. À la fin de 1952, apparaît le volant à deux branches, avec l'écusson Porsche sur le moyeu. À la même période, le levier de vitesse est déplacé de 12 cm vers l'avant. La voiture est équipée de pneus à plis croisés. Ils sont montés sur d'étroites roues en acier embouti de 3 x 16 pouces, bon marché mais robustes, en dépit des apparences. Peintes comme la carrosserie, les roues sont légèrement élargies et ajourées à partir du printemps 1952. On limite ainsi le poids non suspendu, tout en améliorant le refroidissement des freins.

Aujourd'hui, la plupart des 356 n'ont plus leur équipement électrique de coccinelle. Presque ridicule avec ses 6 volts, il est en effet incapable d'alimenter des phares assez puissants. Mais la personnalité de la 356 doit beaucoup à Volkswagen. N'ayant alors pas les moyens de développer son propre moteur, Porsche décide d'améliorer celui de la coccinelle, dont la fiabilité est déjà démontrée. Comme les modèles de Gmünd, les pré-A adoptent donc un moteur de 1 100 cm^3 développant 40 ch. La mécanique est compacte et bien conçue. Peu encombrante, elle est aussi facile d'accès.

Les premières pré-A doivent se contenter d'une boîte de coccinelle non synchronisée à quatre vitesses. Elle sera remplacée en juillet 1952 par une version synchronisée. Ses composants sont fabriqués par Getrag, mais leur assemblage a toujours lieu chez Porsche. La suspension à barre de torsion indépendante et demi-bras oscillant est légèrement modifiée par l'ajout d'amortisseurs

télescopiques arrière en 1951 et d'une barre stabilisatrice avant en 1954. La direction aussi reste presque inchangée. Les freins sont cependant améliorés par l'adoption du système hydraulique Lookheed en 1950.

La 356 exerce un véritable attrait. Elle peut participer aux courses, dans la catégorie des 1 100 cm^3, et l'emporte au Mans en 1951. Mais les clients souhaitent une puissance et des performances accrues. À partir d'août 1951, la marque propose un moteur de 1 286 cm^3. On conserve la course de 74 mm, mais on porte l'alésage des cylindres à 80 mm. Grâce à leur alliage plus léger, à leur revêtement chromé anti-friction et aux pistons Mahle, ils développent 44 ch à 4 000 tr/min pour un taux de compression de 6,5:1. La même année, un moteur de 1,5 litre voit le jour et permet à la 356 de se classer troisième dans la course Rome-Liège-Rome. Il est proposé à la clientèle au printemps 1952. Doté de carburateurs Solex plus importants, d'un nouvel arbre à cames et d'un vilebrequin à rouleaux, il développe 72 ch pour 1 488 cm^3 et peut propulser la petite 356 à 160 km/h. Il s'agit là avant tout d'un modèle de course, mais une version de 55 ch, sans vilebrequin à rouleaux, complète bientôt la gamme. Avec la star – la 1500 S (Super) de 70 ch –, on compte alors déjà quatre versions différentes de la 356.

La Porsche s'attire néanmoins des critiques. Certains jugent son comportement pointu et sa tenue de route dangereuse. En réalité, le moteur arrière suppose une façon de conduire particulière et les pilotes chevronnés louent les performances de la voiture et les plaisirs qu'elle leur procure. Elle est en tout cas assez sûre pour faire mentir les prévisions de Ferdinand Porsche. Il tablait sur un marché de cinq cents unités. Ce chiffre est dépassé dès 1951 et quand la production des pré-A touche à sa fin, on approche les

En haut *Version coupé de la 356 pré-A. Ce modèle de 1 100 cm^3 est à la base des premières Porsche de course.*

Ci-dessus et page ci-contre *Ce cabriolet 356 pré-A de 1951 est remarquablement bien conservé. Cette voiture a été la première Porsche importée en Grande-Bretagne.*

Ci-dessus *Ce cabriolet 356 est la dernière des pré-A. On remarque que l'écusson Porsche a fait son apparition sur le capot.*

Page ci-contre et à gauche *Coupé 356 pré-A de 1954. On constate que les ailes ont été sensiblement élargies afin de s'adapter au nouveau pare-brise d'un seul tenant introduit en 1952.*

dix mille exemplaires. Ce succès est en partie dû au marché américain qui s'ouvre en 1950. Un an plus tard, des 356 avec conduite à droite sont aussi vendues en Grande-Bretagne.

Les succès enregistrés par Porsche dans le sport automobile contribuent à augmenter la popularité de la 356. La marque est attentive aux suggestions de sa clientèle, tire les enseignements des courses et ne cesse d'améliorer son modèle. Dès 1954, celui-ci est profondément modifié (on renonce notamment au moteur de 1,1 litre dont les ventes ne cessent de baisser). La 356 est à présent bien plus une Porsche qu'une VW. Chaque pièce a été perfectionnée avec soin pour obtenir l'une des voitures de sport les plus réputées au monde.

PORSCHE
XCG 999

LA 356 A : 1955-1959

L'ampleur du succès de la pré-A est une divine surprise, mais la marque n'est pas du genre à se reposer sur ses lauriers. Au Salon de Francfort de 1956, elle présente une version très améliorée : la 356 A. Comme c'est souvent le cas chez Porsche, il s'agit plus d'une évolution que d'une révolution. Pour autant, le fait que le nouveau modèle est en tout point meilleur ne saurait être mis en doute. Baptisé T 1 (les pré-A étant les T 0), il donnera naissance à la T 2 en septembre 1957.

Le changement le plus significatif est probablement l'adoption d'un moteur de 1 582 cm^3. La nouvelle gamme se décline comme suit : les 1300 et 1300 S, de 44 et 60 ch – ce dernier étant équipé d'un vilebrequin à rouleaux Hirth – et les nouveaux 1600 et 1600 S de 60 et 75 ch. On peut aussi acquérir un fougueux Carrera 1500. Si le 1600 offre la même puissance que le 1300 S, son régime bien plus bas et son couple moteur assurent en toute circonstance une conduite aisée. De fait, la souplesse et la docilité des modèles à motorisation normale (reconnaissables à leurs carters de ventilateurs noirs) leur valent le surnom élogieux de « Ladies » ou de « Dames ». Même les versions S de la 356 peuvent facilement être utilisées en ville sans risquer la surchauffe, l'encrassement des bougies ou tout autre dysfonctionnement dont certaines voitures de sport italiennes sont alors coutumières.

Les mauvaises ventes de la 1300 conduisent à son abandon à la fin de 1957. La marque prouve à nouveau l'attention qu'elle porte aux aspirations de sa clientèle. Au début de 1959,

les 1600 subissent une série de modifications. On renonce au vilebrequin à rouleaux, trop complexe et d'un entretien coûteux. Les carburateurs Solex sont remplacés par des Zenith et les cylindres sont équipés de fûts en acier de façon à tempérer un peu le moteur. Un radiateur d'huile de plus grandes dimensions est également mis en place. D'autres modifications techniques sont apportées à la 356 tout au long de son cycle de production. Les freins à tambour conservent leur diamètre de 280 mm, mais la largeur des garnitures arrière est alignée sur celle des éléments avant, soit 40 mm. Pour être complet, il faut aussi mentionner l'ajout d'un amortisseur de direction pour une conduite plus souple, le remplacement du boîtier de direction VW par un ZF et l'apparition d'une nouvelle boîte de vitesses.

Outre ces évolutions techniques, des améliorations sont apportées à l'habitacle. On ajoute une garniture de toit en vinyle et les sièges prennent une allure plus sportive. Le haut du tableau de bord est doublé, les pare-soleil sont rembourrés et des haut-parleurs sont logés dans les montants du logement destiné à accueillir les jambes des passagers avant. La voiture semble bien plus luxueuse. Visibilité accrue, pédales mieux disposées, meilleures commandes électriques, Porsche s'applique, par petites touches, à améliorer l'ambiance régnant dans l'habitacle et à rendre sa conduite plus agréable.

Extérieurement, le nouveau modèle se distingue immédiatement de ses prédécesseurs. Le diamètre des roues est réduit à 15 pouces mais leur largeur est augmentée pour une meilleure adhérence. Le pare-brise en V disparaît au profit de la visibilité, un changement qui nécessite la modification du toit et du capot. Le bas de caisse vertical diffère aussi de celui, galbé, des pré-A. L'éclairage arrière est modifié juste avant l'introduction du modèle T 2. Sous une même coiffe en forme de goutte d'eau sont rassemblés les feux arrière, les clignotants et les feux stop. Le modèle T 2 présente un autre changement astucieux : les sorties d'échappement sont intégrées dans les butoirs de pare-chocs, ce qui améliore les lignes de la voiture et la garde au sol, mais contraint le propriétaire à nettoyer fréquemment les chromes.

Ci-dessus, à gauche *Gros plan du moteur de 1 600 cm³ de la 356 S ; la voiture est présentée page ci-contre.*

Ci-dessus
En haut *Arrière caractéristique d'une 356 A 1 600 cm³ de 1953. On remarque la forme du bloc optique en goutte d'eau qui incorpore les feux arrière, les clignotants et les feux stop.*
En bas *L'intérieur des 356 A – ici sur un modèle de 1958 – est remarquable pour son luxe et son élégance.*

Page ci-contre, en haut *Assemblage de la 356 dans les ateliers Reutter de Stuttgart, à la fin des années 1950.*

Page ci-contre, en bas *356 A 1 600 cm³ de série. Cette voiture est sortie des chaînes en 1958, soit deux ans après le début de la production.*

LA 356 B : 1959-1963

Ce modèle enregistre lui aussi un énorme succès. En quelques années, plus de 20 000 unités sont écoulées. Mais la marque veut rester sur le devant de la scène grâce à des voitures de plus en plus performantes. Au moment où la petite dernière, judicieusement baptisée 356 B, monte en ligne, Porsche travaille déjà dur pour lui trouver une remplaçante.

La 356 B semble très proche des modèles précédents. En fait, de légères modifications ont été apportées un peu partout. La voiture aurait pu être totalement différente. Des études initiales proposaient d'y ajouter deux paires de phares. Mais, comme à son habitude, Porsche va renoncer à introduire des changements radicaux pour s'en tenir à une solution plus traditionnelle. Cela dit, la T 5 est encore le modèle où l'évolution apparaît la plus poussée. Certains estiment que la 356 a perdu de sa pureté et commence à devenir un peu trop corpulente. Une des principales raisons est l'adoption de pare-chocs plus gros et plus résistants. Ils sont aussi nettement surélevés, de 9,5 cm à l'avant et 10,5 cm à l'arrière. Les phares sont moins inclinés, avec pour conséquence une modification de la forme des ailes avant. La poignée du capot avant est également redessinée, ce qui donne une allure légèrement différente à la voiture. Pour la première fois depuis 1950, les déflecteurs de portière font partie de l'équipement standard.

En 1962, l'introduction du modèle T 6 s'accompagne de changements encore plus marqués. Le capot avant devient plus plat, moins plaisant d'un point de vue esthétique, mais bien plus pratique pour charger les bagages. Sur les modèles avec conduite à gauche, on facilite l'accès au réservoir en le transférant sur l'aile droite. Un autre changement qui

Ci-dessous *La puissante 356 B Super 90 de 1960 est considérée par certains comme la meilleure Porsche de série de tous les temps.*

saute aux yeux est l'apparition d'une seconde rangée de fentes d'aération sur le capot moteur. Le pare-brise et la lunette arrière sont légèrement plus grands. Une option prévoit même l'adjonction d'un toit ouvrant électrique pour satisfaire les clients plus âgés.

Une autre version apparaît en 1960, le coupé hardtop Karmann. Il s'agit en fait d'un cabriolet auquel on a soudé un toit permanent. Sa ligne arrière peu fluide est moins élégante que celle des coupés, et le modèle se vendra mal. L'intérieur est presque inchangé avec seulement quelques différences dans l'habillage et des interrupteurs électriques noirs. Quoi qu'il en soit, le grand pare-brise, hérité de la T 6, donne une agréable impression d'espace.

La 356 a peut-être pris quelques kilos, mais les ingénieurs ne manquent pas d'idées pour garantir les performances des nouvelles versions. Outre les moteurs de 60 et 75 ch, 1600 et 1600 S, une nouvelle version baptisée Super 90 voit le jour. Comme son appellation le laisse supposer, elle développe 90 ch. Un taux de compression plus élevé, de plus grandes soupapes, des culasses modifiées combinées à une paire de carburateurs Solex 40 PII-4 et un intérieur des cylindres traité suivant un procédé dit « ferral » accroissent la puissance de ce 1 582 cm^3. Cette configuration permet au Super 90 d'atteindre la vitesse appréciable de 177 km/h. Pour exploiter au mieux ce surcroît de puissance, le châssis a subi une série d'améliorations, visant à assurer une meilleure stabilité de l'arrière et à maintenir les roues au sol dans les virages les plus serrés. Enfin, l'introduction de pneus à structure radiale à la place des anciens pneumatiques à plis croisés achève de faire de la Super 90 la meilleure des Porsche aux yeux de nombreux journalistes. Certains continuent à prétendre que la marque s'est éloignée de sa pureté originelle, mais ils sont contredits par la clientèle. Avec 31 000 unités écoulées en quatre années d'existence, la 356 B se vend aussi bien que les modèles antérieurs. Ses excellentes performances, son équipement luxueux et sa longévité exceptionnelle feront bientôt partie intégrante de la légende Porsche.

En haut *Détail du tableau de bord de la Super 90 de 1960. Son style élégant et sportif est souligné par l'écusson Porsche, bien en vue sur le moyeu du volant.*

Ci-dessus *Une des premières Carrera. Ce cabriolet GS de 1959 est présenté ici avec un hardtop proposé par l'usine. Les lignes se sont empâtées par rapport à celles des 356 A et pré-A.*

LES CABRIOLETS SPÉCIAUX : 1954-1962

Dès le départ, la 356 est proposée à la clientèle, carrossée en cabriolet ou en coupé. Malgré les affirmations des puristes pour qui l'absence de toit enlève tout caractère à une Porsche, la 356 se révèle tout à fait adaptée à la forme cabriolet. De fait, ces élégants modèles à capote se vendront avec une constance remarquable. Mais outre les versions de série, ils donneront lieu à de remarquables versions spéciales qui trouveront aussi leur marché.

Destinée aux États-Unis, la première de ces versions fait son apparition en 1952 sous le nom d'America Roadster. Sa carrosserie en aluminium, au profil galbé, s'inspire des Jaguar

Ci-dessus *Intérieur de l'usine Porsche en 1958. Ferry surveille la production des dernières 356.*

Ci-dessous *Ce Roadster 356 1 600 cm³ de 1960 est un hybride entre le Speedster et le Cabriolet D.*

de l'époque, avec une découpe de la ligne de ceinture de caisse au niveau des portières. L'intérieur est réduit au minimum, un moyen simple de répondre aux spécifications des voitures de course. Afin de gagner de précieux kilos, on ôte le pare-brise, on fixe des sièges en aluminium et on supprime le revêtement du coffre. Toutes ces opérations ne vont pas sans causer quelques problèmes. Chaque voiture est fabriquée à la main et seules seize seront produites avant que le carrossier Heuer ne fasse faillite.

Mais l'America Roadster ouvre la voie au plus célèbre des cabriolets spéciaux, le Speedster. Celui-ci voit le jour à l'automne 1954, à la demande de Max Hoffman, représentant de Porsche aux États-Unis. C'est une version simplifiée et moins chère de la 356, censée contrer les offres de Triumph et d'Austin Healey sur le marché américain. Comme le Roadster, le Speedster doit s'adapter facilement aux conditions des circuits. Le résultat est une très belle voiture avec une harmonieuse carrosserie Beutler qui se distingue par son renflement arrière. Le pare-brise est très court et la capote rudimentaire. Vu la douceur relative du climat américain, on a estimé qu'il était superflu d'en concevoir une plus élaborée. L'intérieur est très différent de celui des autres 356. Plutôt spartiate en finition et allégé en poids, il se distingue, entre autres, par trois cadrans logés dans un renfoncement du tableau de bord et par des sièges baquets assurant un meilleur maintien latéral pendant les courses. Si la partie supérieure du tableau de bord est coiffée d'une casquette rembourrée, sa face verticale reste peinte dans la même couleur que la carrosserie.

Le modèle est proposé avec les moteurs 1300 et 1300S ou avec l'habituel 1500. Plus tard, le 1600 de 60 ou 75 ch sera aussi disponible. Quant au dernier Speedster, il est équipé d'un 100 ch à quadruple arbre à cames et d'une carrosserie légère empruntée à la Carrera GT. Il peut atteindre les 100 km/h en moins de 9 s avec une vitesse de pointe de 185 km/h.

La demande étant trop faible, le Speedster meurt en 1958. Du fait de sa faible production – moins de cinq mille exemplaires ont été construits –, ce modèle fait aujourd'hui l'objet d'un véritable culte.

Le successeur immédiat du Speedster est le Cabriolet D, carrossé par Drauz. Cette fois, la voiture a un pare-brise de taille normale et l'intérieur, avec son équipement complet, ressemble bien plus à une Porsche. C'est non sans raison que les supporters du Speedster manifestent d'emblée leur désapprobation. Il n'existe pas de version Carrera du Cabriolet D, et produire une version de luxe du Speedster ne semble pas justifié alors qu'existent déjà des cabriolets de série.

Un dernier cabriolet spécial va être produit de la fin de 1958 à 1962. Baptisé Roadster, il a bien peu de choses en commun avec l'America Roadster de 1952, et descend directement du Speedster et du Cabriolet D. Carrossé à l'origine par Drauz, il est réalisé après 1959 par la société belge Ancien Établissement d'Ieteren Frères SA. Comme le Speedster, il est équipé d'une capote non doublée, mais dispose de vitres latérales, d'un pare-brise et d'une lunette arrière plus grands, ce qui augmente la garde au toit. L'habitacle comporte aussi quelques espaces de rangement, mais les sièges baquets si séduisants du Speedster sont remplacés par des modèles de luxe, bien moins sportifs. La voiture est proposée avec un moteur 1 600 de 60 ou 75 ch.

En haut *L'étonnant 356 Speedster est l'une des Porsche les plus recherchées par les collectionneurs. C'est sans aucun doute la meilleure des 356. Ce modèle de 1955 est équipé d'un 1 500 cm³ d'origine mais d'autres variantes ont été produites.*

Ci-dessus *L'America Roadster a été conçu tout exprès pour le marché des États-Unis. Ce modèle de 1953 porte sa livrée de course.*

LA 356 C : 1963-1965

Les études de la 901 (appelée à devenir la 911) sont déjà bien engagées quand la 356 C est lancée en 1963. La mise au point du nouveau modèle mobilise les énergies. Le développement de la C ne sera donc pas très poussé et la production s'arrêtera au bout de deux ans.

La C est disponible en coupé ou en cabriolet. Elle est équipée d'un moteur 1 600 cm^3 de 75 ch, une version de 95 ch équipant la SC. De nouveaux arbres à cames et des soupapes agrandies permettent de tirer plus de puissance de ces moteurs. Ils ont, en effet, atteint leurs limites, mais sans entamer en rien la réputation de fiabilité acquise par Porsche. Pour la SC, il apparaît alors bien suffisant d'afficher une vitesse de pointe de 186 km/h et une accélération de 0 à 100 km/h en 13 s. Ces performances sont encore impressionnantes, même si, à l'époque, des versions spéciales de modèles courants comme la Lotus Cortina peuvent presque en faire autant pour un prix bien inférieur.

La 356 C bénéficie aussi de l'adoption de quatre freins à disque. Mais, succombant à l'influence américaine, Porsche assouplit la conduite au profit du confort en utilisant une barre stabilisatrice plus épaisse à l'avant. La boîte de vitesses et la direction sont quasi inchangées et l'intérieur, simple et fonctionnel, est presque identique à celui des modèles précédents. En fait, la 356 C est très similaire à la B, et seuls des observateurs avertis remarquent les enjoliveurs un peu plus plats, autorisés par le montage des freins à disque.

En termes d'avance technologique ou de design, la C n'a certes rien de très remarquable, et son existence est plutôt brève. Mais cette voiture ramène automatiquement au succès sans précédent de la 356 et à la prédiction faite par Ferdinand Porsche en 1950. Selon lui, cinq cents unités devraient alors suffire à satisfaire la demande mondiale. On a du mal à croire que la marque en a produit plus de 76 000, un chiffre étonnant qui s'étale sur près de deux décennies. Plus étonnant encore, après l'arrivée de la 911, l'esprit de la 356 va se survivre à lui-même à travers la 912, qui sera produite jusqu'en 1969. Cette dernière sera même ressuscitée brièvement en 1975, au moment de la crise pétrolière. Mais, à dire vrai, la 356 n'a jamais été conçue dans l'espoir de durer jusqu'en 1976. C'est à la 356

En bas *Le cabriolet 1963 SC est la dernière des 356, son intérieur* ***(ci-dessous)*** *ressemble à celui de la 356 B.*

***Ci-dessus** Détail du moteur de 1 600 cm^3 qui équipe la 356C SC de 1963.*

***En haut, à gauche** Ce coupé SC 1 600 cm^3 de 1963 est le pendant du cabriolet de la page précédente.*

que Porsche doit sa réputation de producteur de voitures de sport hors normes. Elle a apporté à la marque les moyens nécessaires pour concevoir ce qui deviendra un de ses modèles les plus désirables, les plus primés et les plus durables.

LA CARRERA SOUS LES FEUX DE LA RAMPE

Aujourd'hui, le nom de Carrera est presque synonyme de Porsche, et l'on entend souvent les non-initiés exprimer leur admiration pour les « Porsche Carrera ». L'image s'est certes un peu ternie au fil des années, mais sans entamer vraiment ce prestigieux héritage. En espagnol « carrera » signifie « course », et même si le nom est aujourd'hui associé à la plus simple des 911, au milieu des années 1950, il était réservé aux modèles les plus performants.

En 1954, en hommage à la victoire de Hans Herrmann au Mexique dans la Carrera Panamericana, on baptise « Carrera » le moteur qui vient de l'emporter. Il est l'œuvre d'un génie des moteurs, le Dr (et futur professeur) Ernst Fuhrmann, qui a réussi à pousser jusqu'à ses limites le quatre cylindres à plat de 1,5 litre. Pour cela, Fuhrmann abandonne le système d'alimentation par poussoirs au profit de deux arbres à cames en tête par rangée de cylindres : le premier commandant les soupapes d'admission et le second, celles d'échappement. Avec sa lubrification par carter sec, ses alliages légers et son revêtement anti-friction, le moteur est très difficile à fabriquer. L'opération nécessite cent vingt heures de travail mais le résultat est remarquable. Au cours des premiers essais, l'engin développe 112 ch pour 1 498 cm^3, soit un rapport de 74 ch/l.

Une série de victoires démontre sans ambiguïté les performances et l'endurance de ce moteur, et la production peut démarrer. En 1955, la 356 A 1500 GS Carrera est présentée à Francfort. Elle est

1955 Porsche 356 Carrera

Moteur
Type : quatre cylindres à plat refroidis par air
Disposition : en porte à faux arrière
Cylindrée : 1 498 cm^3
Alésage x course : 85 x 66 mm
Taux de compression : 9,1 : 1
Distribution : deux arbres à cames en tête par rangée de cylindre, deux soupapes par cylindre
Alimentation : deux carburateurs Solex double corps
Puissance : 110 ch à 6 400 tr/mn
Couple : 12,6 mkg à 5 200 tr/mn

Châssis
Suspension avant : train à doubles tubes superposés, bras obliques, barres de torsion à lames et barre antiroulis
Suspension arrière : demi-essieux oscillants, barres de torsion
Direction : à vis et à doigts
Freins avant : tambours
Freins arrière : tambours
ABS : non
Jantes : 4,5J x 15 en acier
Pneumatiques : 5.90-15

Transmission
Type : aux roues arrière
Boîte : mécanique manuelle à quatre rapports

Divers
Empattement : 2 100 mm
Longueur : 3 950 mm
Largeur : 1 670 mm
Poids à vide : 890 kg

Performances
Vitesse maximale : 200 km/h
0 à 100 km/h : 12,8 s

Ci-dessus *Hans Herrmann remporte la Carrera Panamericana au volant d'une 356. Porsche décide dès lors de baptiser « Carrera » son moteur à quadruple arbre à cames ainsi que ses modèles de course les plus prometteurs.*

proposée en version coupé et Speedster. Une version GT est bientôt disponible pour les clients qui souhaitent courir : carrosserie légère, sièges baquets, vitres en Plexiglas et sans lève-glaces, pas de sièges arrière ni de chauffage. Il existe même une version améliorée du moteur 1500. Bénéficiant d'un réglage plus fin de l'allumage et des arbres à cames, il est susceptible de développer 110 ch à 6400 tr/min. Tout comme les capots arrière et avant, les portières de la Carrera sont en aluminium, afin de gagner le maximum de poids. Le modèle utilise une nouvelle version des freins du Spyder de course 550, ainsi que des roues et des pneus plus larges. Le tout améliore encore la remarquable tenue de route de la 356.

La Carrera incite à une conduite sportive et celle-ci est même nécessaire à la bonne santé du moteur. À l'inverse des autres 356, la Carrera déteste être ménagée. L'encrassement des bougies et la détérioration du système de vilebrequin à rouleaux rappellent vite le conducteur lymphatique à l'ordre.

Malgré ces problèmes de fiabilité (plus dus au pilote qu'à la machine), Porsche continue à développer son moteur et, à la fin de 1958, une version de 1 600 cm^3 avec un système plus classique de vilebrequin à paliers lisses voit le jour. Il est encore capable de développer 105 ch à 6500 tr/min mais l'ajout d'un deuxième refroidisseur d'huile s'avère nécessaire.

Pourtant, le succès commercial fait long feu. Les voitures se révèlent bruyantes et plus fatigantes à piloter que les autres 356. En raison de leur puissance accrue, elles doivent être conduites très énergiquement pour livrer tout leur potentiel. À la fin des années 1950, même si la Carrera développe 115 ch, la 356 B Super 90 est plus appréciée par la clientèle. Presque aussi rapide, elle est moins rétive à dispenser toute sa puissance.

Ci-contre *Carrera 2 de 1964. Son célèbre moteur 2 litres à quadruple arbre à cames développe une puissance appréciable de 130 ch et peut passer de 0 à 100 km/h en moins de 10 s.*

Ci-dessus *Développant 140 ch, le moteur de la Carrera GS a rapporté de nombreuses victoires à l'usine de Stuttgart.*

À gauche *Cette autre Carrera 2, bien conservée, date de 1963.*

Ci-dessous *Cette rarissime Carrera Abarth 356 B GTL de 1960 participe ici à un rallye de voitures anciennes en Allemagne. Seules vingt voitures de ce type ont été produites.*

Mais cela n'empêche pas Porsche de lancer, en 1962, la Carrera 2, équipée d'une version impressionnante du moteur à quadruple arbre à cames, extirpant 130 ch de son 2 litres. La voiture atteint les 193 km/h et passe de 0 à 100 km/h en moins de 10 s. Des modèles de compétition plus puissants GS et GT, de 140 et 155 ch, seront même développés.

C'est à la très rare Carrera Abarth que revient l'honneur de fermer le ban. À peine vingt de ces pur-sang carrossés par Zagato seront produits. Plus aérodynamiques, avec leurs phares profilés, ils sont aussi plus légers et plus rapides que les autres Carrera. Taillés pour la course, ils remportent leur catégorie à la Targa Florio et aux Vingt-Quatre Heures du Mans où une Abarth sera chronométrée à près de 225 km/h dans la ligne droite des Hunaudières !

Depuis le premier prototype, les 356 ont toujours fréquenté les circuits, et bien des pièces sont testées en compétition avant d'équiper les modèles de série. Les Carrera poussent cette logique à son terme : ce sont des routières capables de courir. Porsche est célèbre pour avoir repoussé les limites entre routières et voitures de course et les Carrera sont parmi les toutes premières à maîtriser cet art. Ces pur-sang taillés sur mesure, de plus en plus nerveux, bruyants et puissants, ont contribué à faire de Porsche une des marques les plus célèbres du sport automobile.

chapitre
4

Le destin d'une légende

La 911

turbo
Made in Japan
K9401

La 911 est la grande survivante de la gamme Porsche. En 2003, elle a entamé sa 40e année de production avec des ventes cumulées approchant les 500 000 unités. En une quarantaine d'années, elle est passée d'un coupé six cylindres refroidis par air de 130 ch à une redoutable GT à quatre roues motrices, mue par un moteur refroidi par eau à double turbocompresseur de 420 ch. Alors que ses adversaires passaient la main à d'autres challengers, elle a survécu à la crise pétrolière, aux krachs boursiers, à l'automatisation (jusqu'en 1997, la 911 était presque entièrement assemblée à la main), à l'essor des marques japonaises, aux législations sur la pollution et la sécurité et, plus dur encore, au changement de direction à la tête de Porsche. De plus, alors que ses concurrents passaient un à un sous le contrôle des plus grands constructeurs automobiles du monde (Ferrari a été racheté par Fiat, Jaguar et Aston Martin par Ford, Lamborghini par Volkswagen), Porsche a jalousement préservé son indépendance. La 911 est toujours en vente. Voilà qui souligne la séduction exercée par ce monument automobile avec son moteur en position atypique. N'imaginant pas une telle longévité, en 1978, Porsche lance sa 928. Ce coupé V8 à moteur avant a pour mission de prendre la relève. Dix-sept ans plus tard, la 928 tire sa révérence alors que la 911 célèbre son 32e anniversaire. La raison de cette durée de vie exceptionnelle tient à la nature de la voiture : le modèle de sport le plus complet du marché. Le moteur, toujours disposé à l'arrière, est à présent refroidi par eau, tout en restant fidèle à ses six cylindres (en compétition, la concurrence s'est orientée vers des formules à huit, dix et même douze cylindres). Il se révèle très polyvalent. En 911, vous pouvez conduire votre belle-mère au supermarché comme dans une Volkswagen Polo, mais si l'envie vous prend d'accélérer, vous vous retrouvez au volant de la plus polyvalente, la plus gratifiante et la plus amusante de toutes les voitures de sport actuellement disponibles.

Maintenant que Porsche jouit d'une bonne situation financière, il est difficile d'imaginer que la 911 pourrait s'arrêter d'évoluer et de révolutionner le marché. La concurrence continuera à essayer de la détrôner mais, à en juger par ses records historiques, ces coups, même réussis, seront de simples secousses que Porsche pourra encaisser avec philosophie.

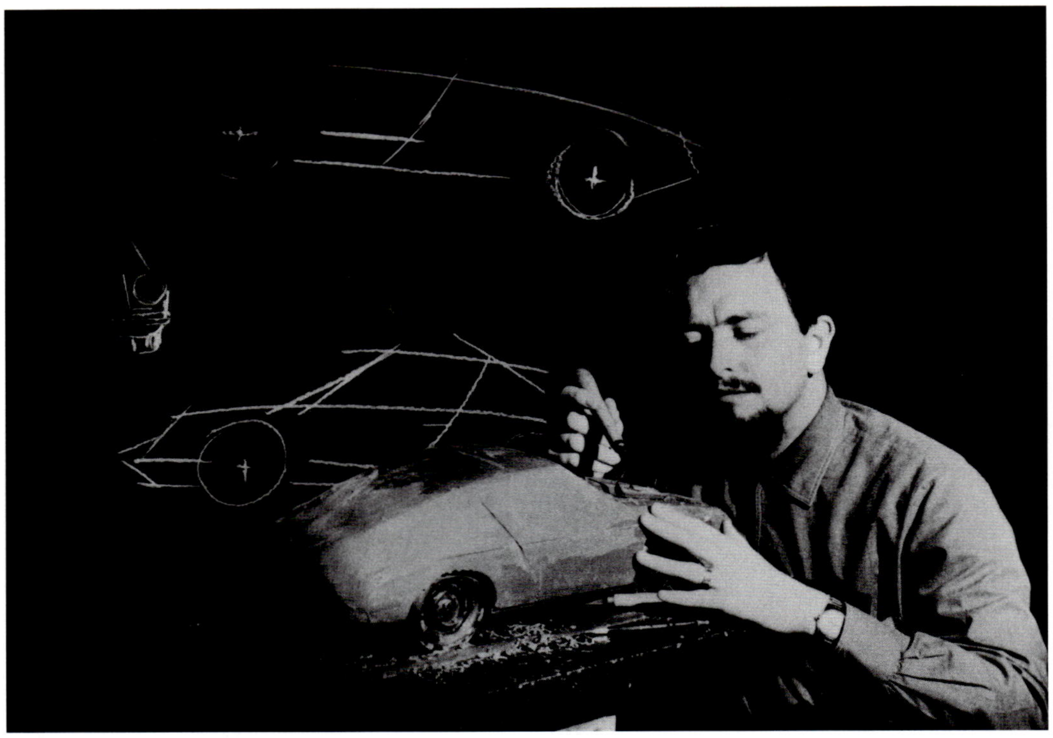

Page précédente *Gros plan d'une jante de 911 Turbo avec son étrier de frein rouge si caractéristique.*

Ci-contre *Le fils de Ferry, Ferdinand Alexander Porsche (dit « Butzi »), concepteur de la 911, travaille ici sur des premiers modèles de la carrosserie.*

LES PREMIÈRES ANNÉES

Dessiné par Ferdinand Alexander Porsche, dit « Butzi », le fils aîné de Ferry, le nouveau coupé de l'usine de Stuttgart est présenté en 1963 à Francfort. Personne, pas même Porsche, ne sait qu'une des plus longues carrières de l'histoire automobile vient de débuter. Cette remplaçante de la 356 est d'abord baptisée 901, mais, après les protestations de Peugeot, qui utilise pour ses modèles une numérotation à trois chiffres avec un zéro au centre, on choisit de lui attribuer le nombre qui va devenir un des plus célèbres de toute l'histoire des voitures de course : le 911.

Les lignes simples du nouveau modèle s'inspirent bien du style et des qualités de la 356, mais c'est là la seule similitude. Ferry a défini un ensemble de critères qui oblige les concepteurs à introduire nombre d'améliorations. La voiture se doit d'être à la fois plus puissante, plus performante, plus raffinée et plus confortable. Elle doit proposer un espace accru tant pour l'habitacle que pour les bagages, de façon à être saluée comme une vraie GT. Même si l'aspect extérieur se rapproche de celui de la 356, le modèle présente toutes les améliorations décisives voulues par le cahier des charges. Les portes sont plus petites et la surface des vitres plus grande, ce qui donne une impression d'espace. L'empattement est augmenté de 15 cm, non seulement pour suivre l'augmentation des volumes - notons au passage que la 911 est plus basse que la 356 - mais aussi pour permettre aux spécialistes du châssis d'améliorer le comportement routier de la machine.

Techniquement, la 911 s'éloigne aussi nettement de la 356. Le tout nouveau moteur 2 litres de six cylindres à plat a été réalisé pour l'essentiel en aluminium, de façon à réduire le poids reposant sur le porte-à-faux arrière. Il bénéficie de l'expérience tirée de la compétition et est

Ci-dessus *Le prototype de la 911, baptisé 901, manque d'élégance par rapport au modèle de série (voir page 53). Sa ligne, trop cubique, fait davantage penser à une berline deux portes qu'à une GT d'exception.*

Ci-contre *Vue arrière du prototype de la 901. On remarque les vitres plus grandes, les roues étroites et les discrètes grilles d'aération du moteur à la hauteur du pare-chocs. Elles remplacent celles, bien visibles, de la 356.*

Ci-dessous *Ferry Porsche en 1968, en train de contrôler la production de la 911 en compagnie de son fils Butzi, à gauche, et de Huschke von Hanstein, à droite. Derrière eux, on aperçoit une des premières 911 Targa, reconnaissable à sa lunette arrière souple.*

Page ci-contre *Un très beau spécimen de la première 911 de série, produite en 1964.*

équipé d'un système de lubrification à carter sec et d'un arbre à cames en tête pour chaque rangée de cylindres. Avec sa nouvelle transmission à cinq rapports, et sa première vitesse en position décalée (en bas, à gauche), ce tout nouveau coupé Porsche aligne des performances impressionnantes. Dotée de deux carburateurs triple corps Solex, la nouvelle machine développe une puissance bien supérieure à celle de la 356. À 6 100 tr/min, ses 130 ch permettent à la voiture d'atteindre les 210 km/h et la font passer de 0 à 100 km/h en 8,5 s.

La 911 dispose aussi d'une nouvelle suspension. À l'avant, celle-ci est assurée par un bras oscillant transversal, combiné à une barre de torsion réglable, logée dans son palier. Ce système non seulement permet de ranger des clubs de golf dans le coffre, mais assure

également au conducteur les réactions qu'il est en droit d'attendre d'une voiture de sport de cette catégorie. À l'arrière, les demi-essieux oscillants de la 356 sont remplacés par des triangles obliques, destinés à calmer les ardeurs du train arrière ou, si vous préférez, à assagir le caractère survireur de la 356. La nouvelle voiture est aussi dotée d'une direction à crémaillère et de quatre freins à disque, les roues en acier de 15 pouces restent néanmoins équipées de pneumatiques larges d'à peine 165 mm.

Trois ans plus tard, les ingénieurs se penchent à nouveau sur la 911. La puissance du moteur augmente de 30 ch, soit 160 ch en tout. Pour ce faire, on accroît son taux de compression et on l'équipe d'arbres à cames plus performants, de soupapes élargies, de conduits d'admission et d'échappement retravaillés et de carburateurs Weber. La vitesse maximale de la 911 S passe ainsi à 220 km/h, soit un gain de 10 km/h et elle accélère de 0 à 100 km/h en à peine 8 s. C'est aussi sur ce modèle qu'apparaît l'une des caractéristiques de la 911, la célèbre jante Fuchs à cinq branches. Enfin, la S est dotée d'amortisseurs Koni et d'une nouvelle barre stabilisatrice arrière, afin de permettre une conduite plus incisive. Voilà la 911 en route vers la gloire. À peine deux ans après, elle voit aussi son empattement augmenté de 57 mm, de façon à corriger sa malencontreuse tendance au survirage et sa piètre tenue de cap. Dans la foulée, le moteur est à nouveau allégé grâce à l'utilisation d'un carter en alliage au magnésium. Le but est de réduire au minimum la masse reportée sur le porte-à-faux arrière. La largeur des roues en alliage est portée à 6 pouces de façon à pouvoir les chausser de pneus encore plus larges, autant de moyens pour donner à la 911 une adhérence accrue et une meilleure motricité.

Le six cylindres à plat subit aussi une série de modifications. L'adoption d'un système d'injection Bosch augmente la puissance de

1963 Porsche 911

Moteur

Type : six cylindres à plat refroidis par air
Disposition : en porte à faux arrière
Cylindrée : 1 991 cm^3
Alésage x course : 80 x 66,6 mm
Taux de compression : 9 : 1
Distribution : un arbre à cames en tête par rangée de cylindre, deux soupapes par cylindre
Alimentation : deux carburateurs Solex triple corps
Puissance : 130 ch à 6 100 tr/mn
Couple : 17,8 mkg à 4 300 tr/mn

Châssis

Suspension avant : bras oscillants transversaux, barres de torsion longitudinales et barre antiroulis
Suspension arrière : bras obliques, barres de torsion transversales
Direction : à crémaillère
Freins avant : disques ventilés
Freins arrière : disques ventilés
ABS : non
Jantes : 4,5J x 15 en acier
Pneumatiques : 165 x15

Transmission

Type : aux roues arrière
Boîte : mécanique manuelle à cinq rapports

Divers

Empattement : 2 111 mm
Longueur : 4 163 mm
Largeur : 1 610 mm
Poids à vide : 1 080 kg

Performances

Vitesse maximale : 210 km/h
0 à 100 km/h : 8,5 s

Ci-dessus *La gamme de modèles Porsche de 1972. De gauche à droite : un coupé 911, la 914/6 avec son habillage soigné et la 911 Targa dont les jantes Fuchs en alliage font partie de l'équipement d'origine.*

Page ci-contre *Un beau spécimen de la légendaire 911 Carrera 2.7 RS de 1973.*

10 ch, la portant à 170 ch. Mais cette conformation ne durera pas longtemps puisqu'en 1970 la cylindrée est portée à 2,2 litres, avec pour conséquence un nouvel accroissement de puissance de 10 ch, une vitesse maximale de 236,5 km/h et une accélération impressionnante de 0 à 100 km/h en 7 s. La volonté de réduire le poids de la voiture est toujours présente : dans ce but, le carter de la transmission à cinq rapports est à son tour coulé dans un alliage de magnésium. Si ces changements sont destinés aux tout derniers modèles de la catégorie S, les 911 T (apparues en 1967 avec la puissance de 110 ch) et E bénéficient aussi de constantes améliorations. Ces 911 « basiques » – si tant est qu'un tel adjectif puisse s'appliquer à une 911 – voient leur puissance portée respectivement à 125 et 155 ch.

Mais c'est en 1972 que la 911 S connaît sa dernière et plus importante évolution. La cylindrée passe cette fois à 2,4 litres et la puissance maximale grimpe à 190 ch. Une nouvelle transmission plus résistante est adoptée. Cette modification s'accompagne d'un premier changement esthétique avec l'apparition d'un déflecteur d'air sous le pare-chocs avant afin d'améliorer la stabilité à grande vitesse de la plus rapide des 911. Cette dernière 911 S est un bolide particulièrement agile. Sa conduite dépourvue de toute inertie, l'aptitude de son moteur à monter en régime et la vivacité de son châssis en font une machine exaltante à conduire.

Carrera
880 JRM

En bas *Cette Carrera RS arbore fièrement son nom sur les bas de caisse et sur le becquet – baptisé « queue de canard » – qui équipe le capot arrière.*

En bas, à droite *Le fabuleux moteur de la 911 Carrera 2.7 RS peut propulser le véhicule à la vitesse maximale de 244 km/h et accélérer de 0 à 100 km/h en à peine 5,5 s.*

Page ci-contre *Sorti en 1974, le nouveau modèle de 911 marque le début d'une deuxième génération. On remarque les clignotants avant intégrés au nouveau pare-chocs peint au coloris de la carrosserie.*

GROS PLAN SUR LA CARRERA 2.7 RS

Apparues en 1972, les 2,4 litres administrent la preuve que Porsche est loin d'avoir exploité tout le potentiel de la 911. L'année suivante, la marque commence à démontrer à quel point cette série est redoutable d'efficacité, en développant la Carrera 2.7 RS. Conçue en partant de la nécessité de produire cinq cents unités pour satisfaire aux règles d'homologation GT en groupe 4 et pouvoir participer à des compétitions, la voiture remporte un tel succès que 1 580 exemplaires vont sortir des chaînes. Elle est proposée en trois versions : la RS, une routière de faible poids dont l'intérieur est réduit à sa plus simple expression, la RS Touring, qui reprend l'intérieur plus luxueux de la 911 S et enfin la RSR, avec un moteur porté à 2,8 litres, des lignes aérodynamiques et des arceaux de sécurité.

Aujourd'hui, c'est la RS qui attire le plus l'attention. Elle se distingue nettement de toutes les 911 qui l'ont précédée. Avec son pare-chocs percé d'une grande bouche d'air, souligné de surcroît par une lèvre inférieure faisant effet de *spoiler* aérodynamique, ses ailes arrière élargies et son becquet arrière proéminent, dit en « queue de canard », elle a tout d'une bête de course. Pour ceux que cela n'impressionne toujours pas, elle va même jusqu'à arborer son nom en lettres autocollantes rouges ou bleues sur ses bas de caisse.

Mais la RS a d'autres particularités que ces changements de forme. Afin de gagner du poids, nombre d'éléments de sa carrosserie sont réalisés en acier d'épaisseur réduite. Le pare-brise et les vitres latérales arrière sont en verre moins épais. Jusqu'alors commun à toutes les 911, le revêtement de protection en PVC est même retiré, sauf à l'intérieur des arches de roues. Dans l'habitacle aussi, la chasse au poids est systématique. À l'avant, des sièges baquets légers Recaro ont été installés alors que les sièges arrière ont été supprimés. Les panneaux de portes sont des plus dépouillés avec des poignées et des lève-glaces limités à l'essentiel. Il n'y a même

pas de pare-soleil pour le passager ou de montre sur le tableau de bord. Grâce à ces mesures, Porsche obtient un modèle poids plume, pesant à peine 975 kg contre 1 050 kg affichés par la 911 standard.

Mais l'essence de la Carrera 2.7 RS reste son moteur. L'alésage du moteur de 2,4 litres a été agrandi pour porter la cylindrée à 2,7 litres, chiffre qui a donné son nom au modèle. La puissance et le couple moteur ont nettement progressé pour atteindre respectivement les valeurs de 210 ch et 26 mkg. La boîte de vitesses à cinq rapports provient d'une 911 S, mais avec un quatrième et un cinquième rapports plus longs, permettant à la voiture d'atteindre les 244 km/h et de passer de 0 à 100 km/h en 5,5 s.

Quant au châssis, seuls des amortisseurs à gaz Bilstein et des barres stabilisatrices plus épaisses avant et arrière comptent parmi ses améliorations. L'adoption de roues arrière Fuchs en alliage, larges respectivement, à l'avant et à l'arrière, de 6 et 7 pouces, assure une meilleure adhérence à la RS et démontre la confiance de Porsche dans le potentiel de la 911 en matière de comportement.

Issue de la volonté de doper la 911, la Carrera 2.7 RS est une vraie révélation. La puissance développée par son six-cylindres à plat est vraiment envoûtante. Sa mécanique combine la poussée d'une grosse cylindrée avec l'extrême réactivité réservée aux moteurs quatre cylindres à seize soupapes. Quels que soient le régime ou la vitesse, la Carrera 2.7 RS ne manque jamais de répondre aux attentes du conducteur. Sa cure d'amaigrissement va dans le sens d'une maniabilité accrue. Toujours capable d'une réponse fulgurante, la RS fait basculer l'expérience du pilote de 911 dans une autre dimension. Sa direction est d'une extrême précision. Réagissant à la moindre impulsion, elle restitue une énorme quantité d'informations et apparaît remarquablement stable et équilibrée. L'impression que l'engin ne va pas tarder à faire un tête-à-queue a disparu, et la voiture négocie les virages les plus serrés avec l'aplomb d'un bolide taillé pour la course.

Pour les enthousiastes de la marque, les sensations que procure la Carrera 2.7 RS ne sont contestées que par la 964 RS ou la 996 GT3 refroidie par air. Mais pour qui a la chance de piloter ces trois voitures, c'est la RS qui l'emporte. Pour beaucoup, il s'agit de la meilleure Porsche de tous les temps et rares sont ceux qui prétendront le contraire.

1973 Porsche Carrera 2.7 RS

Moteur

Type : six cylindres à plat refroidis par air
Disposition : en porte à faux arrière
Cylindrée : 2 687 cm^3
Alésage x course : 90 x 70,4 mm
Taux de compression : 8,5 : 1
Distribution : un arbre à cames en tête par rangée de cylindre, deux soupapes par cylindre
Alimentation : injection mécanique Bosch
Puissance : 210 ch à 6 300 tr/mn
Couple : 26 mkg à 5 100 tr/mn

Châssis

Suspension avant : bras oscillants transversaux, barres de torsion longitudinales et barre antiroulis
Suspension arrière : bras obliques, barres de torsion transversales et barre antiroulis
Direction : à crémaillère
Freins avant : disques ventilés
Freins arrière : disques ventilés
ABS : non
Jantes : 6J x 15 à l'avant et 7J x 15 à l'arrière, en alliage
Pneumatiques : 185/70VR 15 à l'avant et 215/60VR 15 à l'arrière

Transmission

Type : aux roues arrière
Boîte : mécanique manuelle à cinq rapports

Divers

Empattement : 2270 mm
Longueur : 4 163 mm
Largeur : 1 650 mm
Poids à vide : 975 kg

Performances

Vitesse maximale : 240 km/h
0 à 100 km/h : 5,5 s

DEUXIÈME GÉNÉRATION

Faisant suite logiquement à la Carrera 2.7 RS, toutes les 911 produites après 1974 sont équipées du six cylindres à plat de 2,7 litres. Le moteur est décliné sous diverses formes qui vont d'une version calme (et décevante) de 150 ch, équipant le modèle standard, au 260 ch avec turbocompresseur de la 911 Turbo, en passant par les 210 ch de la 911 Carrera. D'autres changements sont apportés dans le but de se conformer aux normes de sécurité en vigueur aux États-Unis. Pour répondre à ces dernières, le pare-chocs doit pouvoir supporter un impact à plus de 8 km/h sans se déformer. La solution adoptée par Porsche est d'intégrer le pare-chocs à la carrosserie de façon à pouvoir y installer le système hydraulique destiné au marché américain. Pour la 911, l'arrivée de ces pare-chocs est, en onze ans, la première modification significative apportée à sa silhouette.

1974 Porsche 911 2.7

Moteur

Type : six cylindres à plat refroidis par air
Disposition : en porte à faux arrière
Cylindrée : 2687 cm^3
Alésage x course : 90 x 70,4 mm
Taux de compression : 8 : 1
Distribution : un arbre à cames en tête par rangée de cylindre, deux soupapes par cylindre
Alimentation : injection Bosch K-Jetronic
Puissance : 150 ch à 5700 tr/mn
Couple : 24 mkg à 3800 tr/mn

Châssis

Suspension avant : bras oscillants transversaux, barres de torsion longitudinales et barre antiroulis
Suspension arrière : bras obliques, barres de torsion transversales et barre antiroulis
Direction : à crémaillère
Freins avant : disques ventilés
Freins arrière : disques ventilés
ABS : non
Jantes : 6J x 15, en alliage
Pneumatiques : 165 HR 15

Transmission

Type : aux roues arrière
Boîte : mécanique manuelle à cinq rapports

Divers

Empattement : 2270 mm
Longueur : 4290 mm
Largeur : 1650 mm
Poids à vide : 1080 kg

Performances

Vitesse maximale : 210 km/h
0 à 100 km/h : 8,2 s

La seconde génération de 911 voit aussi l'introduction du becquet plat sur les Carrera, lesquelles héritent également du moteur 3 litres de la première 911 Turbo, mais cette fois sans le turbocompresseur KKK. L'adoption de ce nouveau moteur constitue une étape importante, avec une baisse de la puissance maximale, ramenée à 200 ch, soit en dessous de celle du moteur de 2,7 litres. Il s'agit de se conformer à des normes d'émission toujours plus rigoureuses. Sous l'influence de la législation américaine, elles finissent en effet rapidement par s'imposer en Europe. On équipe alors le 3 litres d'un système d'injection Bosch K-Jetronic de façon à se rapprocher des performances du 2,7 litres avec une vitesse maximale de 241 km/h et une accélération de 0 à 100 km/h en 6,3 s.

Pendant les années 1970, Porsche ne cesse d'apporter des modifications au châssis et aux freins pour les adapter aux nouvelles performances de ses voitures. Les barres antiroulis avant et arrière ne cessent de grossir, et les amortisseurs Bilstein, introduits sur la Carrera 3 litres, équipent bientôt les modèles standards. Mais le changement le plus important est l'adoption de bras de suspension à triangles obliques en alliage d'aluminium. Ce système allège l'arrière de la voiture et rend cette dernière plus docile et plus facilement contrôlable. Vers 1980, la gamme des 911 se réduit à seulement deux modèles : la 911 Turbo, avec une cylindrée de 3,3 litres et la 3.0 SC, sorte d'hybride constitué d'une ancienne Carrera 2,7 litres animée par un moteur 3 litres. La série des 911 restera conforme à cette définition technique jusqu'en 1984 où une nouvelle 911 Carrera verra le jour.

Ci-dessus et ci-contre *La nouvelle Carrera 2.7 de 1974. Plus lourde, cette 911 n'atteint plus les performances exceptionnelles de la RS du millésime précédent, mais reste une voiture très impressionnante.*

Page ci-contre *Vue en coupe d'une 911 2.7 de deuxième génération de 1974.*

Ci-dessus et ci-contre *La première 911 Turbo, baptisée à l'origine Type 930. Elle se distingue par ses arches de roue évasées et son becquet dit « planche à pains » nécessaires à son homologation. Vendue à l'époque 163 000 F (soit le prix de dix Renault 5 L !), la 911 Turbo s'avère une GT difficile à piloter.*

Page ci-contre *Modèle 1980 de la 3.3 Turbo, produite de 1978 à 1989.*

DEUX AUTRES VEDETTES : LA 930 TURBO ET LA 3.3 TURBO

Pour certains, parler de *la* 911 revient à évoquer la 911 Turbo. Présentée à Paris en 1974, elle est d'abord équipée d'un moteur six cylindres à plat avec turbocompresseur KKK. Il développe 260 ch à 5 500 tr/min lui permettant d'atteindre une vitesse maximale de 257 km/h et d'accélérer de 0 à 100 km/h en 6 s. Développée à partir du 3 litres six cylindres de la RSR, la version Turbo adopte un bloc-moteur renforcé en aluminium. Quant au turbocompresseur, il a été réglé de façon à ne pas dépasser une pression de 800 grammes. Pour faire face à ce surcroît de puissance, la voiture a troqué sa boîte de vitesses à cinq rapports contre une, plus robuste, à quatre, et a reçu un embrayage renforcé.

Le but initial était d'homologuer une voiture pour pouvoir participer, avec quelques chances de s'imposer, aux courses de silhouette. Pour cela, Porsche était tenu de produire et de vendre quatre cents unités en deux ans. En fait, la demande fut tellement forte que le modèle, mis en vente en 1975, devient un succès commercial dès sa sortie. Avec son imposant becquet arrière, son avant hypertrophié, ses ailes élargies, ses larges roues (7 pouces à l'avant, 8 pouces à l'arrière), et ses pneus Pirelli P 7 très adhérents, la 911 est prête à affronter toutes ses concurrentes, sur la route comme sur les circuits. Dès la première année de compétition, une Turbo remporte les Vingt-Quatre Heures du Mans et, au cours des années suivantes, ses dérivés sportifs, les prototypes 935 et 936, se révèlent imbattables (voir chapitre 9).

En 1978, soit trois ans après sa sortie, la cylindrée de la Turbo de série est portée à 3,3 litres, amenant la puissance à 300 ch. Ses performances

1984 Porsche 911 Turbo (3.3)

Moteur

Type : six cylindres à plat refroidis par air
Disposition : en porte à faux arrière
Cylindrée : 3 299 cm^3
Alésage x course : 97 x 74,4 mm
Taux de compression : 7 : 1
Distribution : un arbre à cames en tête par rangée de cylindre, deux soupapes par cylindre
Alimentation : injection Bosch K-Jetronic + turbo KKK
Puissance : 300 ch à 5 500 tr/mn
Couple : 44 mkg à 4 000 tr/mn

Châssis

Suspension avant : bras oscillants transversaux, barres de torsion longitudinales et barre antiroulis
Suspension arrière : bras obliques, barres de torsion transversales et barre antiroulis
Direction : à crémaillère
Freins avant : disques ventilés
Freins arrière : disques ventilés
ABS : non
Jantes : 7J x 16 à l'avant et 8J x 16 à l'arrière, en alliage
Pneumatiques : 205/55 VR 16 à l'avant et 225/50 VR 16 à l'arrière

Transmission

Type : aux roues arrière
Boîte : mécanique manuelle à quatre rapports

Divers

Empattement : 2 270 mm
Longueur : 4 290 mm
Largeur : 1 775 mm
Poids à vide : 1 330 kg

Performances

Vitesse maximale : 260 km/h
0 à 100 km/h : 5,4 s

__Ci-contre__ On se demande comment les ingénieurs s'y sont pris pour caser ce moteur de 3,3 litres ! Avec la volumineuse mécanique de la 911 Turbo de 1980, on est désormais bien loin du moteur VW des débuts.

1984 Porsche 911 Carrera (3.2)

Moteur
Type : six cylindres à plat refroidis par air
Disposition : en porte à faux arrière
Cylindrée : 3 164 cm³
Alésage x course : 95 x 74,4 mm
Taux de compression : 10,3 : 1
Distribution : un arbre à cames en tête par rangée de cylindre, deux soupapes par cylindre
Alimentation : injection électronique Bosch Motronic
Puissance : 231 ch à 5 900 tr/mn
Couple : 28,6 mkg à 4800 tr/mn

Châssis
Suspension avant : bras oscillants transversaux, barres de torsion longitudinales et barre antiroulis
Suspension arrière : bras obliques, barres de torsion transversales et barre antiroulis
Direction : à crémaillère
Freins avant : disques ventilés
Freins arrière : disques ventilés
ABS : non
Jantes : 6J x 15 à l'avant et 7J x 15 à l'arrière, en alliage
Pneumatiques : 185/70VR 15 à l'avant et 215/60VR 15 à l'arrière

Transmission
Type : aux roues arrière
Boîte : mécanique manuelle à cinq rapports

Divers
Empattement : 2270 mm
Longueur : 4290 mm
Largeur : 1 650 mm
Poids à vide : 1 160 kg

Performances
Vitesse maximale : 245 km/h
0 à 100 km/h : 6,1 s

la font entrer dans le club des « supercars » : 0 à 100 km/h en 5,4 s et une vitesse maximale de 260 km/h. Mais le 3,3 litres est bien plus que le résultat d'un nouvel alésage. Sa course et son taux de compression ont aussi été revus à la hausse. On a opté pour des paliers de vilebrequin plus grands et équipé le turbocompresseur d'un refroidisseur d'air. Autre évolution importante, l'adoption de grands freins à disque perforé pincés par des étriers à quatre pistons, une solution technique héritée de la compétition et plus particulièrement des 917 ayant disputé les Vingt-Quatre Heures du Mans. Le nouveau modèle se révèle aussi populaire que l'original, avec près de dix mille exemplaires vendus en 1983.

Aujourd'hui, piloter une 911 Turbo reste un privilège, même si les plus anciens modèles vont bientôt fêter leur trentième anniversaire. Mais comme toutes les pionnières du turbo, la 911 souffre d'un fort temps de réponse à l'accélération. Autrement dit, si le turbo entre en action dès 2 000 tr/min, et cela quelle que soit la vitesse, il faut attendre les 4 000 tr/min pour voir le dispositif donner son plein rendement et catapulter la voiture sur la route. Mais dès l'instant où on franchit ce seuil, le feu d'artifice commence. L'accélération est tout simplement époustouflante. L'aiguille du compte-tours bute sur le limiteur de régime avec la violence d'une hélice d'avion heurtant un obstacle. La vitesse fait un bond avec une rapidité sans précédent. Elle augmente de plusieurs dizaines de km/h sur un rythme qui ferait presque croire qu'on se trouve à bord d'un jet en phase de décollage. Mais il y a plus important à savoir. Avec son poids à l'arrière et la brutalité de sa montée en puissance, ce pur-sang exige d'être dirigé avec délicatesse. La 911 n'a jamais été une voiture avec laquelle on peut prendre des libertés et la version Turbo doit être pilotée avec une dose de respect supplémentaire.

NOUVELLE DIRECTION, NOUVEAU MODÈLE

Dans la foulée de l'introduction de la nouvelle génération des « fausses » Carrera, la 911 perd beaucoup de son dynamisme. Le développement de nouveaux modèles est quasi abandonné. À la sortie, en 1981, du coupé 944, avec moteur à l'avant refroidi par eau, on s'attend à voir la production de la 911 cesser. Mais celle-ci refuse de tirer sa révérence. Elle semble réagir à cette mort programmée comme elle l'avait fait quelques années auparavant lors de l'arrivée de la 928 et de son V8 (lui aussi placé à l'avant et refroidi par eau). Censée remplacer la 911, la 944 est loin d'égaler ses ventes. Une véritable mutation s'impose.

La marque commence par changer de direction. Peter W. Schutz remplace Ernst Fuhrmann à la tête de l'entreprise. Partisan de la 911, Schutz, soutenu par Ferry Porsche en personne, réintroduit le modèle dans la gamme pour aboutir en 1984 au lancement de la nouvelle Carrera 3.2. Le moteur de 3,2 litres développant 231 ch est logé dans un compartiment arrière et bénéficie de nombreuses évolutions techniques inaugurées sur la Turbo. Partageant le même bloc-moteur que la Turbo, la nouvelle Carrera adopte un vilebrequin permettant d'allonger la course des pistons, des soupapes agrandies, des conduits d'admission et d'échappement entièrement revus, des pistons à haute compression et enfin un boîtier d'injection/allumage Bosch entièrement électronique. L'ensemble de ces éléments achève de placer le moteur à la pointe de la technique.

Avec l'augmentation de la puissance et du couple moteur (atteignant respectivement 231 ch et 28,6 mkg) et une baisse de la consommation d'essence, la 911 subit une cure de jouvence. De nouveaux rapports de transmission améliorent encore ses performances. La boîte équipée d'un radiateur d'huile contribue à adoucir le changement de vitesse. Enfin, l'épaisseur des disques de frein est aussi augmentée et, moyennant supplément, l'option sport vous offre des amortisseurs plus durs, un becquet arrière et des roues plus larges, équipées de pneus Pirelli P7.

La nouvelle Carrera est censée renouer avec les glorieuses performances de la 911. Porsche annonce une vitesse maximale de 245 km/h, ne dépassant pas celle de la Carrera 2,7 litres originelle, et une accélération comparable de 0 à 100 km/h en 6,1 s (5,3 s relevés

Ci-dessus *La nouvelle Carrera des années 1980. Avec son moteur de 3,2 litres, qui doit beaucoup au 3,3 litres de la 911 Turbo, elle s'est révélée tout aussi attractive, sauvant ainsi la série des 911 d'une fin prématurée.*

Ci-contre *L'arrière de la Carrera 3,2 litres de 1986 se distingue par son volumineux becquet.*

Page ci-contre *Baptisée Porsche 964, la nouvelle génération des Carrera 4, à quatre roues motrices, présente une carrosserie aux lignes plus arrondies et un becquet rétractable qui améliore son aérodynamisme.*

par les magazines). Au-delà des chiffres, la version rajeunie s'avère bien plus agréable à conduire que l'ancienne. En pleine récession économique mondiale, Porsche doit cependant faire face, comme ses concurrents, à des difficultés financières juste après la sortie de son nouveau modèle. En outre, la marque est aussi confrontée à l'offensive des constructeurs japonais qui se lancent avec détermination sur le marché des voitures de sport. Il apparaît que la 911 a besoin au plus vite d'une nouvelle métamorphose.

En 1987, avec le lancement de la 959 (voir chapitre 7), Porsche prouve sa capacité à conserver son avance technologique. La voiture est dotée de quatre roues motrices et directrices. Son six-cylindres à plat, équipé d'un double turbocompresseur, développe la bagatelle de 450 ch. Avec ses six vitesses, ce dernier propulse la voiture, habillée d'une carrosserie en matériau composite, à 320 km/h. L'entreprise n'a sans doute réalisé aucun gain substantiel avec ce bolide produit en série limitée (selon certaines rumeurs, Porsche aurait même perdu de l'argent sur chaque exemplaire vendu) mais elle a réussi à attirer une nouvelle fois l'attention de la presse et, plus important, celle de ces revendeurs.

LA GÉNÉRATION DES 964

En 1989, Porsche inaugure ce que beaucoup d'enthousiastes considèrent comme étant la véritable seconde génération de 911. Baptisée 964, cette 911 « rajeunie » est en réalité neuve à 87 % et contribue largement au rétablissement de la marque.

La voiture apparaît nettement différente, même si elle a conservé le capot avant, les ailes, les portières et le toit du modèle précédent. L'impression est donnée par l'adoption de nouveaux pare-chocs qui contribuent beaucoup à transformer sa silhouette. Toujours inspirée par la 911, elle présente des lignes plus arrondies, plus ramassées, alors que les blocs-phares additionnels/clignotants intégrés à la carrosserie lui donnent un nouveau faciès. Mais l'élément le plus marquant est le becquet arrière rétractable. Confrontés au dilemme d'avoir à choisir entre l'aérodynamisme et la fidélité aux lignes pures de la 911 – sans parler de l'incidence sur le refroidissement du moteur quand on atteint de grandes vitesses –, les ingénieurs décident de loger le becquet dans le capot arrière, avec un système d'élévation automatique quand la voiture dépasse les 80 km/h, et d'abaissement en dessous de 10 km/h. Diverses autres mesures améliorent encore le CX. La taille des gouttières de toit est réduite, l'alignement entre la carrosserie et les vitres est amélioré et les excroissances extérieures superflues éliminées. Au final, la génération des 964 se présente comme la plus pure sur le plan esthétique depuis le modèle originel de 1963. L'entreprise dispose à présent de l'outil qui lui manquait pour sortir de l'ornière.

Le fait que les premiers modèles soient seulement disponibles avec quatre roues motrices démontre le sérieux avec lequel la marque a cherché à concevoir une toute nouvelle 911. La Carrera 4 est donc lancée en 1989 avec un système à quatre roues motrices simplifié par rapport à celui de la 959. Transitant par une boîte de vitesses à cinq rapports, le couple du moteur est réparti, via le différentiel central, à raison de 31 % sur les roues avant et de 69 % sur les roues arrière. Le glissement des deux différentiels – central et arrière – est contrôlé par un embrayage multidisque, qui reçoit lui-même ses instructions d'une centrale électronique informée en permanence de la situation des roues grâce aux capteurs du

1989 Porsche 911 Carrera 4

Moteur

Type : six cylindres à plat refroidis par air
Disposition : en porte à faux arrière
Cylindrée : 3 600 cm^3
Alésage x course : 100 x 76,4 mm
Taux de compression : 11,8 : 1
Distribution : un arbre à cames en tête par rangée de cylindre, deux soupapes par cylindre
Alimentation : injection électronique Bosch Motronic
Puissance : 250 ch à 6 100 tr/mn
Couple : 31,6 mkg à 4 800 tr/mn

Châssis

Suspension avant : McPherson avec bras inférieurs de guidage et barre antiroulis
Suspension arrière : bras obliques, combinés ressorts/amortisseurs et barre antiroulis
Direction : à crémaillère, assistée
Freins avant : disques ventilés
Freins arrière : disques ventilés
ABS : oui
Jantes : 6J x 16 à l'avant et 8J x 16 à l'arrière, en alliage
Pneumatiques : 205/55 ZR 16 à l'avant et 225/50 ZR 16 à l'arrière

Transmission

Type : 4 x 4 permanent
Boîte : mécanique manuelle à cinq rapports

Divers

Empattement : 2 270 mm
Longueur : 4 250 mm
Largeur : 1 650 mm
Poids à vide : 1 450 kg

Performances

Vitesse maximale : 260 km/h
0 à 100 km/h : 5,9 s

Ci-dessus *Le moteur 3,6 litres de la Carrera 911 modèle 1990 développe 250 ch pour une vitesse maximale enviable de 260 km/h.*

Ci-contre *Ce qui, au premier abord, ressemble à une grille d'aération se révèle être le dessus du becquet rétractable, caractéristique du modèle.*

système ABS. La répartition du couple initial varie automatiquement en fonction des besoins constatés. En cas de conditions extêmes, l'électronique peut être court-circuitée et ces deux différentiels être bloqués manuellement.

Le moteur de la nouvelle Carrera 4 et de la future Carrera 2 à deux roues motrices dérive du 3,2 litres de la génération précédente. Un seul critère a guidé les ingénieurs pour mettre au point la nouvelle voiture : la doter d'un moteur plus puissant et plus rapide que l'ancienne Carrera 3.2. Pour y parvenir, ils ont augmenté la cylindrée jusqu'à 3,6 litres, adopté de nouveaux pistons et accru le taux de compression jusqu'à 11.8:1. Le nouveau moteur est aussi en mesure de rouler avec ou sans pot catalytique. L'équipement est en effet devenu obligatoire sur la plupart des grands marchés couverts par la marque. Grâce à l'installation d'un nouveau système d'injection et d'allumage Bosch Motronic, le moteur développe 250 ch et fournit un couple de 31,6 mkg, quel que soit le marché visé. Là aussi, Porsche assure que les performances des Carrera 4 et 2 sont identiques.Toutes deux peuvent atteindre la vitesse maximale de 260 km/h avec une accélération de 0 à 100 km/h en 5,9 s.

Les changements radicaux intervenus dans la mécanique ont imposé un renforcement de la boîte manuelle à cinq vitesses 3.2. Dans la foulée, et pour répondre aux nouvelles caractéristiques mécaniques, le cinquième rapport a été rallongé. Les nouvelles 911 Carrera 4 et 2 voient aussi l'apparition d'une boîte de type Tiptronic à quatre rapports, aux facultés d'adaptation révolutionnaires. Celle-ci peut être utilisée comme une transmission automatique classique. Mais si le conducteur souhaite exercer un plus grand contrôle, le levier peut être utilisé manuellement de la façon la plus simple qui soit : on le pousse en avant pour passer à la vitesse supérieure et on le tire en arrière pour rétrograder. Tout en ajoutant une nouvelle dimension à la conduite, le système maintient le contrôle électronique. Ainsi, même en mode « semi-automatique », c'est lui qui décide en dernier ressort si le conducteur peut ou non changer de vitesse.

Le passage aux quatre roues motrices a imposé une refonte des suspensions. À l'avant, la présence d'arbres de transmission s'est traduite par l'élimination des barres de torsion et le repositionnement des ressorts. Dans la foulée, le diamètre de la barre antiroulis a été réduit et la direction a reçu une assistance pour compenser l'augmentation de poids due à la venue du système 4 x 4. La suspension arrière emprunte à la première génération des 911 Turbo ses bras à triangles obliques en alliage, mariés à des combinés ressorts/amortisseurs. À l'arrière aussi, le diamètre de la barre antiroulis a été réduit. Tous ces changements ont métamorphosé le comportement de la 964.

Les C4 et C2 sont aussi équipées de nouveaux freins, inspirés de ceux de la 928 S4. Les disques ventilés de grand diamètre (297 mm) sont mordus par des étriers à quatre pistons. Ils sont de surcroît refroidis grâce aux entrées d'air percées dans le pare-chocs avant : un sérieux gage d'endurance. Le dessin de la jante en alliage est inédit. Quant à la monte pneumatique retenue, il s'agit, à l'avant, de 205/55 ZR 16 et, à l'arrière, de 225/50 ZR 16.

Avec les Carrera 4 et 2 de 3,6 litres, Porsche a assuré les bases de l'avenir de la 911. L'entreprise a traversé les périodes d'euphorie et survécu à la récession des années 1980 avec un égal succès.

Ci-dessous *Cette Carrera 2, datant de 1993, présente peu de différences avec la Carrera 4 de 3,6 litres et affiche les mêmes performances.*

En haut *Châssis de la 911 Carrera 4 de 1990 à quatre roues motrices.*

Ci-dessus *Vue en coupe de la 911 Carrera 4 de 1990.*

Page ci-contre *La 993, première d'une nouvelle génération. Il s'agit ici d'une Carrera 911 de 1995. Pour la première fois, la face avant adopte les phares inclinés, déjà vus sur la rarissime 959.*

UN NOUVEAU PUR-SANG : LA 964 CARRERA 4

L'année 1988 marque le 25e anniversaire de la 911, mais cette date correspond aussi à une étape cruciale dans l'évolution de cette voiture. Porsche propose là, pour la première fois, une version de série à quatre roues motrices. Avec ses lignes élancées, la Carrera 4 apporte un nouveau souffle au modèle et élargit l'horizon de la marque.

La transmission à quatre roues motrices est certes apparue pour la première fois sur la 959, mais c'est une version simplifiée qui va équiper les modèles standards (si tant est qu'une Porsche puisse être standard). Les 911 ont la réputation d'être délicates à conduire si on les pousse à leurs limites, entraînant à la première occasion le pilote vers les bas-côtés (en général par l'arrière). Mais la Carrera 4 offre un niveau de maniabilité inconnu jusqu'alors. Fini le train avant qui refuse de tourner (sousvirage), terminé les roues arrière qui, en se dérobant, amorcent un dérapage au beau milieu de la courbe (survirage) dont la conclusion est, au mieux, un tête-à-queue et, au pis, un choc désagréable avec la glissière de sécurité. La voiture peut au contraire être contrôlée avec précision et, mieux encore, pilotée par de simples mortels, qui n'ont pas les réflexes des champions de formule 1 comme Alain Prost ou Ayrton Senna. Le risque consistait à décevoir les inconditionnels de la marque. Pour eux, une Porsche, et surtout une 911, ne saurait être facile à conduire. C'est un engin fait pour être piloté au sens propre du terme et le conducteur incapable de contrôler ce pur-sang ferait mieux d'aller voir ailleurs. Mais, pour Porsche, ce petit marché de puristes est insuffisant. Avec la Carrera 4, la 911 est apprivoisée – mais pas trop – pour se plier aux désirs du conducteur. La voiture peut gagner les faveurs de ceux qui recherchent une vraie sportive, offrant la fiabilité et la sécurité qui font défaut à ses concurrentes italiennes, anglaises et japonaises. Elle devient vite la favorite des yuppies. Porsche recueille le fruit de ses efforts et, propulsé par quatre roues motrices, poursuit sa route dans la bonne direction.

LA GÉNÉRATION 993

Au moment où la nouvelle 993 est lancée en 1994, Porsche peine à faire face à la demande. Avec ce modèle, la marque réussit à réinventer une voiture qui, tout compte fait, n'a connu que des liftings, même si certains étaient approfondis. Depuis le lancement du modèle en 1963, la 993 est donc la première « vraie » nouvelle 911. Elle a été voulue par la direction, désireuse de voir le dernier membre de la famille Porsche faire ses preuves dans au moins trois domaines : le design, la mécanique et la conduite.

Visuellement, la voiture a été totalement remise au goût du jour. Les formes de la 911 sont toujours présentes, même si les concepteurs ont réussi à créer une voiture à l'allure fort différente. Le modèle offre des lignes plus nerveuses, comme s'il avait avalé des stéroïdes et fait de la musculation à haute dose. Seuls les portières et le capot avant ont été empruntés aux 964. Les ingénieurs ont réalisé l'exploit de rendre la carrosserie plus rigide (d'environ 20 %) sans augmentation de poids. Des modifications aérodynamiques ont été apportées aux pare-chocs avant et arrière pour optimiser le CX, mais aussi le refroidissement par air des parties vitales comme les freins avant et le compartiment moteur. La voiture est aussi équipée d'une version améliorée du becquet à commande électronique de la 964. Actionné aux mêmes seuils de vitesse (montée à 80 km/h, descente à 10 km/h), il se fond davantage au capot arrière, toujours pour améliorer la circulation de l'air.

Des changements importants ont aussi été apportés à l'habitacle. Jusque-là, de génération en génération, on s'était contenté d'améliorer la qualité et le confort des matériaux et d'ajouter de nouveaux

1993 Porsche 911 Carrera

Moteur

Type : six cylindres à plat refroidis par air
Disposition : en porte à faux arrière
Cylindrée : 3 600 cm³
Alésage x course : 100 x 76,4 mm
Taux de compression : 11,3 : 1
Distribution : un arbre à cames en tête par rangée de cylindre, deux soupapes par cylindre
Alimentation : injection électronique Bosch Motronic
Puissance : 272 ch à 6 100 tr/mn
Couple : 33,6 mkg à 5 000 tr/mn

Châssis

Suspension avant : McPherson avec bras inférieurs de guidage et barre antiroulis
Suspension arrière : multibras, combinés ressorts/amortisseurs et barre antiroulis
Direction : à crémaillère, assistée
Freins avant : disques ventilés
Freins arrière : disques ventilés
ABS : oui
Jantes : 7J x 16 à l'avant et 9J x 16 à l'arrière, en alliage
Pneumatiques : 205/55 ZR 16 à l'avant et 245/45 ZR 16 à l'arrière

Transmission

Type : aux roues arrière
Boîte : mécanique manuelle à six rapports

Divers

Empattement : 2 270 mm
Longueur : 4 245 mm
Largeur : 1 735 mm
Poids à vide : 1 370 kg

Performances

Vitesse maximale : 270 km/h
0 à 100 km/h : 5,6 s

équipements électriques. Cette fois, le design des sièges a été modifié de façon significative, afin d'offrir une meilleure position, avec des réglages électriques et un chauffage intégré. Un des principaux défauts de la 911, à savoir son chauffage, a été résolu par l'installation d'un dispositif de contrôle électronique. Les jours où il fallait attendre que le moteur monte en température pour chauffer l'habitacle sont révolus. Des airbags pour le pilote et les passagers (nouvelle contrainte imposée par la législation) ont fait leur apparition, ce qui a obligé les designers à opter pour un volant à quatre branches, d'allure peu sportive.

Tout en conservant une cylindrée de 3,6 litres, la 993 bénéficie d'une augmentation de puissance de 10 % par rapport à la 964, soit 272 ch à 6 100 tr/min pour un couple moteur de 33,6 mkg à 5 000 tr/min. Les pistons ont à nouveau été allégés, le vilebrequin renforcé et un alliage au magnésium utilisé pour certains éléments comme la turbine de refroidissement ou le carter de la pompe à huile. En dépit de tous ces efforts, le moteur pèse toutefois 20 kg de plus. Enfin, un système électronique amélioré d'injection/allumage Bosch M2.10 avec un dispositif d'injection séquentielle multi-points a été installé.

Mais la principale amélioration du six cylindres à plat refroidi par air va intervenir en 1996, avec le système d'admission VarioCam. Toujours en 1996, l'adoption de soupapes plus larges porte la puissance à 282 ch pour 6 100 tr/min avec un couple moteur de 34,7 mkg à 5 250 tr/min. Utilisé pour la première fois sur la Carrera RS, le VarioCam est un système breveté par Porsche qui fait varier la levée des soupapes d'admission en fonction du régime, ce qui optimise le rendement volumétrique.

Page ci-contre
En haut *Vue en coupe de la Carrera 2 de la série des 993.*
En bas *Compartiment moteur de la Carrera 911 (modèle 1993).*

Ci-dessus et ci-contre *La 911 Carrera de 1993. On remarque le nouvel agencement de l'habitacle, avec le volant à quatre branches abritant l'indispensable airbag de série.*

Ci-dessus *L'élégante 933 Carrera aux proportions parfaites est la dernière des 911 refroidies par air.*

Les performances progressent et le dispositif réduit aussi les émissions polluantes, tout en diminuant la consommation d'essence.

Pour ce qui est de la transmission, la 993 est proposée avec une boîte manuelle à six rapports ou une boîte automatique Tiptronic (Tiptronic S en 1995) à quatre rapports. Celle-ci permet au conducteur de changer de vitesse de façon semi-automatique, soit au moyen d'un levier au plancher classique, soit en actionnant deux boutons placés sur le volant. À l'origine, la 993 emprunte à la 964 son système à quatre roues motrices, mais, en 1995, le dispositif est profondément remanié. Plus léger, doux et rapide, il perçoit davantage le niveau d'adhérence de chaque roue. Le contrôle est amélioré dans les conditions les plus délicates. Si le conducteur se fait surprendre, la capacité du système à freiner une roue qui dérape assagit le comportement propre à la 911 et à son implantation mécanique, en porte à faux arrière.

Avec la 993, Porsche abandonne la suspension arrière classique à triangles obliques des 911 et la remplace par un dispositif multibras. Le nouvel essieu arrière ressemble au système à double bras superposés utilisé par les voitures de course, avec une structure formée de deux pièces d'aluminium moulé. Des ressorts hélicoïdaux ont été montés au-dessus des amortisseurs à gaz. La suspension avant est restée presque inchangée, même si de nombreux éléments ont été redessinés pour rendre la direction plus légère et réduire les vibrations. Une suspension sportive est proposée en option avec des ressorts raccourcis plus fermes, des amortisseurs désormais plus durs et des barres antiroulis moins tolérantes.

Les disques de la 993 ont le même diamètre que ceux de la 964, mais ils sont ventilés et perforés, et sont pincés par des étriers plus larges à quatre pistons et contrôlés par le système ABS 5 de Porsche. De nouvelles jantes en alliage coulées à basse pression, plus larges (7J x 16 à l'avant et 9J x 16 à l'arrière), ont été conçues pour mieux évacuer l'air chaud des freins. Elles sont équipées de pneus 205/55 ZR (à l'avant) et 245/45 ZR (à l'arrière).

Quel que soit le modèle de 993, un constat s'impose : la 911 a atteint sa maturité. Son design résolument neuf est non seulement un des plus reconnaissables mais aussi un des plus séduisants du moment. La voiture est en outre équipée d'une mécanique quasi indestructible, conçue pour durer aussi longtemps que le souhaite son propriétaire.

La 993 est à la base d'une série de versions, parmi les plus réussies de toutes les 911. Elles sont si nombreuses que le chapitre 7 est entièrement consacré à leur présentation et à celle des autres 911 spéciales, une preuve de plus de la réussite de cette voiture.

Avec elle, Porsche est parvenu à créer une merveilleuse GT qui verra sa carrière s'achever à la fin des années 1997. Le rideau tombe alors définitivement sur la longue et glorieuse existence de la 911 refroidie par air. Mais si, depuis 1997, vous pouvez bien passer des heures au volant d'un Boxster, d'une nouvelle 911 ou du Cayenne, rien n'égalera jamais l'exaltation ressentie quand un six cylindres refroidi par air se met à rugir derrière vous.

Ci-dessous Très bel exemple de Porsche 911 T Targa de 2,4 litres. Acclamé au moment de sa sortie en 1965, le modèle voit sa ligne évoluer pendant les années 1970 et reste un des plus appréciés de la gamme jusqu'à aujourd'hui. La voiture présentée date de 1973.

ON ENLÈVE LE HAUT : LES 911 CABRIOLET ET TARGA

Les cabriolets font partie de la gamme Porsche depuis 1948 et, deux ans à peine après le début de sa production, la 911 offre à son tour les joies de la conduite en décapotable à ses pilotes. Mais plutôt que d'opter pour un toit classique, entièrement rétractable, Porsche conçoit la Targa (baptisée ainsi en souvenir de ses succès dans la course Targa Florio). Le constructeur suit ici les recommandations des ingénieurs qui croient à tort (comme on le verra plus tard) que les États-Unis vont adopter une nouvelle législation. Il s'agit d'imposer la présence d'un arceau de sécurité sur ce type de voiture afin de protéger les passagers en cas de tonneau. Mais il y a une autre raison, bien connue des conducteurs de 356 décapotables : la fatigue provoquée par le vent et le bruit quand on conduit à l'air libre.

Présentée au Salon automobile de Francfort de 1965, la nouvelle Targa est produite en série dès l'année suivante. Elle est proposée à la clientèle avec une capote ou un toit

amovible en plastique, tous deux pouvant être rangés dans le coffre avant. La lunette arrière en plastique est fixée à l'arceau central par une fermeture à glissière. Le résultat est à l'inverse du but recherché. Non seulement le bruit augmente, mais en plus le système n'est pas étanche ! La solution sera trouvée en 1969 avec l'adoption définitive du toit en plastique et le remplacement de la lunette arrière par une pièce fixe en verre moulé. La voiture ressemble de moins en moins à une décapotable, mais elle gagne en confort et en étanchéité.

Même si la demande pour une 911 cabriolet est partiellement satisfaite par la Targa, à la fin des années 1970, les services commerciaux plaident en faveur de la production d'un modèle entièrement décapotable. Cependant, Ernst Fuhrmann, alors à la tête de l'entreprise, est persuadé que le coupé 928 va évincer la 911 et ne voit aucune raison de se lancer dans la mise au point coûteuse d'une nouvelle version de la célèbre voiture. À la suite de cette décision et de beaucoup d'autres qui, aux yeux de Ferry Porsche, ont dévalué son enfant chéri (la 911), Fuhrmann doit quitter l'entreprise. Entré en fonction en 1981, son successeur, Peter Schutz, semble partager les mêmes vues que Ferry sur la façon dont la 911 doit évoluer.

Le Salon de Francfort sert une fois de plus de décor au lancement du nouveau cabriolet 911, accompagné cette année-là de la Carrera 3 litres. La voiture se présente comme un modèle entièrement décapotable, équipé d'une transmission à quatre roues motrices qu'on retrouvera six ans plus tard sur la 959. Les craintes pour la rigidité du véhicule, du fait de

la suppression de l'arceau central, se révèlent sans fondement. Le cabriolet s'avère aussi rigide que le modèle standard, grâce notamment au renforcement de certains points de la structure.

La capote peut être relevée et baissée en un seul mouvement et, pour réduire au minimum les turbulences, elle a été consolidée par des renforts longitudinaux en aluminium. La lunette arrière, fixée par une glissière, peut également être retirée quand la capote est relevée.

Pendant la saison 1984, la voiture est proposée en même temps que les Carrera 3,2 litres. En 1987, elle existe déjà en version Turbo mais est aussi déclinée en Speedster. Présenté au départ comme le premier Cabriolet 911, dessiné en 1981 par Peter Schutz, le Speedster devra toutefois patienter en coulisses jusqu'à sa première apparition au Salon de Francfort de 1987. Il emprunte sa carrosserie au cabriolet, mais présente quelques éléments esthétiques spécifiques. Il se distingue notamment par son pare-brise encadré d'aluminium et affecté d'un degré d'inclinaison supérieur de 5 % à celui du cabriolet. Il est doté d'une capote simplifiée, dite « d'urgence » ou « temporaire » pour bien faire remarquer qu'elle ne répond pas aux mêmes critères de confort que la capote haut de gamme du cabriolet. L'acheteur est averti d'éventuels problèmes d'étanchéité et on lui déconseille formellement le lavage automatique. Il doit en outre signer une décharge, où il déclare « accepter certaines nuisances sonores et les risques de fuites en cas d'intempéries ». La capote se range sous un couvercle moulé en polyuréthane qui améliore l'aérodynamisme mais ajoute un renflement disgracieux au profil arrière de la voiture. Avec ses fenêtres et son chauffage à commande manuelle, le Speedster ne déchaîne pas l'enthousiasme de la clientèle, même si la marque annonce un poids inférieur de 70 kg par rapport au coupé. Il sera l'ultime modèle Porsche à être réalisé dans l'ancienne usine de Zuffenhausen, à partir d'une carrosserie dérivée du modèle original de 1963.

Ci-dessus *Le Speedster était disponible selon deux configurations esthétiques : étroit avec ailes plates ou large avec ailes élargies. La voiture illustrée est un modèle large datant de 1989.*

Page ci-contre *Le Cabriolet 911 Carrera de 1984, équipé de quatre roues motrices et d'un moteur 3 litres (seuls les modèles ultérieurs pourront recevoir un turbocompresseur).*

Ci-dessous *La séduisante nouvelle Carrera des années 1990 offre une exceptionnelle gamme d'options.*

Page ci-contre *La nouvelle Targa ne manque pas de style avec son toit rétractable électrique et ses stores. Sur ce modèle de 1996, on remarque que l'arceau transversal a été remplacé par des arches longitudinales.*

Le Speedster réapparaît en 1992 mais avec un châssis de 964. Plus sportif qu'un simple cabriolet, il offre alors des sièges baquets Recaro, des roues en alliage Cup en 17 pouces et toute une série d'options destinées à donner l'illusion qu'il s'agit d'un modèle bien spécifique. La question de savoir si c'est ou non le cas reste ouverte. Pour beaucoup d'amateurs, ses lignes plus élancées (grâce au couvercle de capote moins proéminent), son pare-brise plus court et son profil surbaissé le distinguent des autres cabriolets et des Targa.

Avec l'introduction de la gamme 993, Porsche fait d'une pierre deux coups. La marque dispose d'un cabriolet pratique et sûr, disponible en version à deux ou quatre roues motrices, avec boîte manuelle à six rapports ou boîte automatique Tiptronic à quatre vitesses. Mais elle offre aussi à sa clientèle une toute nouvelle Targa. Dérivée du cabriolet 993 classique, elle pèse à peine 30 kg de plus que le coupé de série et est équipée, comme les autres 911, d'un 3,6 litres avec VarioCam de 285 ch, commandé par une boîte manuelle ou automatique. Elle se distingue par ses roues en alliage de 17 pouces. Mais c'est surtout son toit en verre qui lui confère son originalité. Il se rétracte totalement par commande électrique en glissant du bord supérieur du pare-brise vers la lunette arrière et combine le plaisir de la conduite en plein air à la sécurité d'un coupé. L'ajout à l'avant d'un petit déflecteur très efficace en verre diminue le bruit et les turbulences, en les ramenant au niveau ressenti quand on conduit un coupé avec toit ouvrant (certains estiment même le confort supérieur). Doté d'une bonne isolation thermique, le toit contient un filtre à UV protégeant les occupants des rayons du soleil. Ces derniers disposent aussi d'un store électrique pour maintenir la température dans des limites acceptables. L'augmentation de la surface des vitres accroît aussi la sensation d'espace. Ces changements ont été rendus possibles par la suppression de l'arceau central, propre aux premières générations de Targa. Il est remplacé par des rails longitudinaux qui vont du sommet du pare-brise au bas de la lunette arrière et offrent aux passagers la sécurité nécessaire si la voiture faisait un tonneau.

N223 AJM

targa
N223 AJM

chapitre
5

Héros méconnus

AG·30604

Qui dit Porsche pense instinctivement à la 911. Une fois écarté le légendaire coupé, on songe alors au Boxster et au Cayenne, le SUV sorti en 2002. Si on creuse encore un peu, on en arrive aux quatre coupés à moteur avant refroidi par eau, le 924, 944, 968 et 928. Bien sûr, on n'oubliera pas la première voiture de la marque, la 356. Enfin, si on pense à une « supercar », c'est la 959 qui vient à l'esprit. Pourtant, on n'aura pas épuisé le sujet. Deux autres modèles ont joué un rôle presque aussi important dans le développement, l'expansion et le succès d'une des plus prospères marques automobiles du monde. Ils ont sauvé l'entreprise de l'échec et offert aux ingénieurs de Stuttgart une plate-forme pour leurs essais. Ce sont les héros inconnus de Porsche, ceux qui ne sont pas reconnus à leur juste valeur, alors que certains de leurs cousins plus favorisés ne comptent plus leurs adeptes. Avec la 912 à moteur arrière et la 914 à moteur central, Porsche a ainsi disposé de deux engins très efficaces mais sous-estimés.

LA 912

Porsche a toujours projeté d'ajouter à la gamme des 911 un modèle moins puissant, équipé d'un quatre cylindres refroidi par air. Quatre des treize prototypes de 911 ont d'ailleurs eu un tel équipement. L'idée est simple. Même si la 911 est supposée remplacer la 356, le nouveau modèle va forcément coûter nettement plus cher que la première Porsche de série. Comment ne pas perdre les clients fidèles qui ont soutenu la jeune marque à ses débuts ? Ferry Porsche est conscient de la nécessité de leur offrir une nouvelle voiture à un prix abordable, tout en élargissant et en augmentant le pouvoir de séduction de la gamme. La quatre cylindres 912 est présentée en 1965, soit deux ans après les débuts de la 911. Très vite, elle donne des raisons de s'enthousiasmer aux adeptes de plus en plus nombreux de Porsche. Extérieurement, le modèle ne se distingue pas de son aîné. Il utilise le même châssis avec un système de suspensions à roues indépendantes, comprenant des bras oscillants à l'avant et des bras obliques à l'arrière. Mais, en définitive, bien équilibré, le comportement de la 912 s'avère plus homogène et moins pointu que celui de la 911. La nouvelle voiture est aussi équipée de la même boîte de vitesses que son aînée. Même si, à l'origine, celle-ci

Page précédente *Bénéficiant d'une finition soignée, cette 914/6 est typique des modèles produits à Zuffenhausen au milieu des années 1970.*

Ci-contre et page ci-contre *Une Porsche abordable : la 912 de 1965. Au premier coup d'œil, on peut facilement la confondre avec une 911. Mais le premier modèle hérite aussi d'éléments de carrosserie de la 356 ainsi que d'un nouveau moteur quatre cylindres. La 912 sera surnommée le « modèle européen » car, malgré sa popularité précoce, elle sera seulement vendue en Europe.*

est seulement proposée avec quatre rapports (une boîte à cinq rapports sera disponible peu de temps après la sortie du modèle). Ces emprunts à la 911 incluent la carrosserie en aluminium et, comme pour mieux démontrer l'intérêt porté par la marque à la 912, quand l'empattement de la 911 gagne 57 mm en 1969, la cadette bénéficie du même traitement. Porsche en profite pour l'équiper d'autres éléments de carrosserie de la 911, comme les rétroviseurs, les cercles de phares et les grilles d'aération, jusqu'alors hérités de la 356.

En fait, la 356 a donné bien plus que ses chromes à la 912. L'intérieur du nouveau modèle est équipé de sièges et d'un système de chauffage et de ventilation qui proviennent de la 356. On retrouve aussi les roues de 4,5 x 15 pouces. Il en va de même pour les freins à disque et pour le moteur quatre cylindres. D'une puissance limitée à 90 ch pour 5 800 tr/min avec un

En haut *L'intérieur de la Porsche 912 utilise de nombreux éléments de la 356.*

Ci-dessus *Cet étonnant coupé futuriste Tapiro 912 est un prototype des années 1970, conçu par les bureaux Italdesign avec la contribution de Porsche et de VW. Il se distingue par ses quatre portes papillon, deux pour les passagers et deux pour le coffre.*

Page ci-contre *Développé avec VW sur un dessin initial de la firme Gugelot, la Porsche 914 est équipée d'un moteur central, une première pour la marque. Sa ligne n'a jamais suscité de grands engouements, tout simplement parce qu'elle n'évoquait aucune Porsche.*

couple moteur de 12,4 mkg à 3 500 tr/min (dans la 356 le moteur fournissait 95 ch et un couple moteur de 12,6 mkg). La 912 est capable de passer de 0 à 100 km/h en 11,6 s et d'atteindre une vitesse maximale de 185 km/h. Notons que la 356C a alors besoin de 13 s mais atteint une vitesse maximale supérieure de 2 km/h, grâce à ses lignes plus aérodynamiques. En utilisant tous ces éléments de 356, Porsche non seulement cherche à réaliser des économies mais s'efforce aussi de limiter le survirage constaté chez la 911. Avec un quatre cylindres, bien plus léger que le fameux six cylindres à plat, le poids à l'arrière de la 912 est réduit de 130 kg, ce qui lui confère un tout autre équilibre et lui offre un comportement routier de loin supérieur. Après l'allongement de l'empattement, cette différence de comportement sera encore accentuée.

Cette combinaison entre l'allure séduisante d'une 911, un prix d'achat et des frais d'entretien réduits ainsi qu'une tenue de route plus docile, se traduit par la vente de 30 000 voitures dès la première année de production. Mais la 912 ne se maintient pas longtemps dans les vitrines de Porsche. La 911 commence à trouver ses marques. Sa réputation de voiture de pilote (sous-entendu « difficile à maîtriser ») donne à ses propriétaires la possibilité de se faire valoir : « Regardez-moi, je sais dompter une 911 ! » Les ventes rattrapent celles de la 912, puis les dépassent. Talonnée par ce nouveau modèle d'« entrée de gamme » (Porsche ne rime pas bien avec économie), la 912 cesse d'être produite en 1969. Une 912 Targa a toutefois l'honneur d'être la 100 000e voiture sortie des chaînes et une 912 spécialement préparée remporte le championnat européen des rallyes, en 1967.

Pour être exact, il faut préciser que la 912 hiberne ainsi durant six ans avant de réapparaître en 1975, avec cette même allure classique de 911, mais dotée d'un moteur d'une cylindrée supérieure, un 2 litres nettement plus puissant. Baptisé 914, le modèle à moteur central qui a remplacé la 912 en 1969 va se maintenir six ans. Il était alors temps de passer à autre chose, plus exactement à une nouvelle voiture à moteur avant équipée d'un moteur refroidi par eau : la 924.

Mais revenons à notre sujet. La 924 n'étant pas au point, la 912 reprend donc du service. La décision est interprétée comme un colmatage provisoire, ce qui est d'ailleurs le cas. La 911 est devenue entre-temps une voiture de sport accomplie. Il en existe plusieurs versions séduisantes et efficaces, recherchées dans le monde entier par une clientèle enthousiaste et aisée. Hissant Porsche à un niveau jamais atteint dans l'industrie automobile, la 911 a accentué le déséquilibre de la gamme. Alors qu'elle est la voiture à laquelle on rêve d'accéder, la 914 est celle qui permet d'introduire les clients débutants dans l'univers de la marque. Celle-ci disparue, il faut acquitter un droit d'entrée élevé pour accéder au plaisir d'être propriétaire d'une Porsche.

Étiquetée 912E, la 912 de deuxième génération offre sur le papier des performances alléchantes. Elle emprunte sa carrosserie élégante et élancée à la 911, avec un empattement ayant subi le même allongement et des suspensions identiques. Elle est dotée d'un moteur de plus grande cylindrée : un 2 litres quatre cylindres, dérivé du moteur Volkswagen, qui équipait déjà la défunte 914. Mais en définitive, la voiture a quasi la même puissance que l'ancienne 912, avec un gain d'à peine 1,7 mkg pour le couple moteur, soit au total 14,1 mkg. Elle est équipée d'un système d'injection, en allemand *Einspritzung,* d'où la lettre E. La nouvelle voiture affiche à la fois une accélération plus faible, 13 s pour passer de 0 à 100 km/h, et une vitesse maximale inférieure de 8 km/h à celle de son aînée. Elle est, de fait, handicapée par une surcharge de 197 kg par rapport à la première 912.

En dépit de caractéristiques adaptées à la situation née de la crise du pétrole, le modèle est trop lourd et trop lent pour séduire les habitués de la marque. Au premier abord, sa ressemblance avec la 911 peut faire illusion, mais la similitude s'arrête là. Rétrospectivement, la 912E a causé plus de tort que de bien à la marque. Durant sa seule année de production, elle se vend à moins de deux mille unités. Sans cette voiture aux performances décevantes tant techniquement que commercialement, la première 912 n'aurait peut-être jamais été qualifiée de « Porsche du pauvre ».

Même aujourd'hui, la 912 souffre d'une certaine crise d'identité. Les prix d'un modèle en bon état sont équivalents à ceux d'une 911 d'un état et d'un âge comparables. Si la 912 a pu, en son temps, représenter une option avantageuse à la 911, elle se retrouve aujourd'hui dans la même catégorie de prix, sans avoir les atouts de son aînée.

LA 914

Avec la 912, Porsche a développé une voiture qui séduit le plus grand nombre en raison de ses liens étroits avec le modèle phare de la marque. Voilà un coupé qui a presque tout d'une 911. Il lui ressemble trait pour trait, avec un moteur en position arrière et, si les conditions sont bonnes, sur un circuit, il ne sera pas distancé de façon trop dramatique par son aîné. Aujourd'hui, les propriétaires de BMW 318i s'empressent d'installer le kit de carrosserie M Sport pour donner l'illusion que leur modeste quatre cylindres est à l'égal du bouillant M3. La 912 a toujours passé haut la main l'examen du premier regard. Elle a la tête de l'emploi. Elle ressemble bien à une Porsche.

1965 Porsche 912

Moteur

Type : quatre cylindres à plat refroidis par air
Disposition : en porte à faux arrière
Cylindrée : 1 582 cm³
Alésage x course : 82,5 x 74 mm
Taux de compression : 9,3 : 1
Distribution : un arbre à cames central, deux soupapes par cylindre
Alimentation : deux carburateurs Solex double corps
Puissance : 90 ch à 5 800 tr/mn
Couple : 12,4 mkg à 3 500 tr/mn

Châssis

Suspension avant : bras oscillants transversaux, barres de torsion longitudinales et barre antiroulis
Suspension arrière : bras obliques, barres de torsion transversales
Direction : à crémaillère
Freins avant : disques
Freins arrière : disques
ABS : non
Jantes : 4,5J x 15 en acier
Pneumatiques : 165 x15

Transmission

Type : aux roues arrière
Boîte : mécanique manuelle à quatre ou cinq rapports

Divers

Empattement : 2 111 mm
Longueur : 4 163 mm
Largeur : 1 610 mm
Poids à vide : 970 kg

Performances

Vitesse maximale : 185 km/h
0 à 100 km/h : 11,6 s

1970 Porsche 914 1.7

Moteur

Type : quatre cylindres à plat refroidis par air
Disposition : central arrière
Cylindrée : 1 679 cm^3
Alésage x course : 90 x 66 mm
Taux de compression : 8,2 : 1
Distribution : un arbre à cames central, deux soupapes par cylindre
Alimentation : injection Bosch D-Jetronic
Puissance : 80 ch à 4 900 tr/mn
Couple : 13,6 mkg à 2 700 tr/mn

Châssis

Suspension avant : leviers transversaux avec jambes de force, barres de torsion longitudinales
Suspension arrière : bras obliques, combinés ressorts/amortisseurs
Direction : à crémaillère
Freins avant : disques
Freins arrière : disques
ABS : non
Jantes : 5,5J x 15 en acier
Pneumatiques : 165 SR 15

Transmission

Type : aux roues arrière
Boîte : mécanique manuelle à cinq rapports

Divers

Empattement : 2 450 mm
Longueur : 3 985 mm
Largeur : 1 650 mm
Poids à vide : 940 kg

Performances

Vitesse maximale : 170 km/h
0 à 100 km/h : 12,4 s

Ci-dessus *Cette vue arrière de la Porsche 914 nous montre son toit caractéristique Targa et son large coffre qui se révèle particulièrement spacieux.*

C'est peut-être là que réside le problème majeur de la 914 à moteur central. La 911 est devenue synonyme de Porsche, tout modèle différent est considéré comme un imposteur, un faux, une mauvaise affaire. Et le fait que la 914 est le produit d'une collaboration avec Volkswagen accentuera encore ce rejet.

La voiture est donc développée conjointement par les deux marques. Si, pour élargir sa clientèle, Porsche a conscience qu'il lui faut un modèle qu'on qualifierait aujourd'hui d'« entrée de gamme », Volkswagen veut à l'inverse concevoir une voiture plus attractive que la populaire coccinelle. Des liens existent bien sûr déjà entre les deux marques. Les prototypes de la 356 ont été réalisés sur des châssis de coccinelle, elle-même dessinée par Ferdinand Porsche en personne. Mais il faut attendre le milieu des années 1960 et la rencontre entre Ferry Porsche et le président de Volkswagen Heinrich Nordhoff, pour voir naître ce projet commun. Si, pour Volkswagen, le nouveau modèle s'inscrit dans une stratégie d'ensemble, la motivation de Porsche est plus immédiate. La 911 est devenue trop chère et la marque ne peut plus s'appuyer sur la 912 pour attirer de nouveaux clients. Porsche souhaite aussi vivement concevoir une voiture à moteur central, sur le même principe que la 904 de course. La marque espère donc bien faire d'une pierre deux coups.

Les deux fabricants concluent un accord pour la production d'un Roadster à deux places équipé d'un moteur central. Deux motorisations seront proposées à la clientèle : une nouvelle mécanique conçue et fabriquée par VW, avec quatre cylindres à plat refroidis par air et un système d'injection Bosch, ou le célèbre six cylindres à plat de Porsche, avec carburateurs Weber. Les deux marques souhaitent confier la fabrication de la carrosserie à la firme Karmann. Notons que les lignes de la 914 sont dues au studio de design Gugelot. Contactée par Porsche quelques années auparavant, cette entreprise allemande avait participé à un projet de voiture de sport. Pour le nouveau modèle, la seule condition de départ est qu'il ne ressemble à aucune Porsche ou VW existantes. Destinés à l'origine à une voiture de course à moteur avant, les dessins de Gugelot sont aisément rectifiés pour permettre l'installation d'un moteur central.

Nombre de projets sont soumis à Karmann, allant des solutions traditionnelles aux plus futuristes. En définitive, on opte pour des lignes anguleuses qui répondent à tous les critères recherchés. Équipée d'un toit démontable Targa, la voiture dispose d'un coffre spacieux et ne ressemble à aucun des modèles antérieurs fabriqués par Porsche ou Volkswagen.

Les premiers prototypes sont réalisés en 1967 et quand le coupé quatre cylindres est dévoilé le 1er mars 1968, il reçoit l'approbation immédiate des deux parties. Le projet avance rapidement jusqu'au mois suivant, date à laquelle on apprend le décès de Heinrich Nordhoff qui avait, un an plus tôt, succédé à Kurt Lotz à la tête de Volkswagen. Le projet est suspendu, Lotz insistant pour établir un contrat en bonne et due forme entre Volkswagen, Porsche et Karmann. De fait, on apprendra plus tard qu'à l'origine les trois entreprises avaient conclu un simple accord verbal.

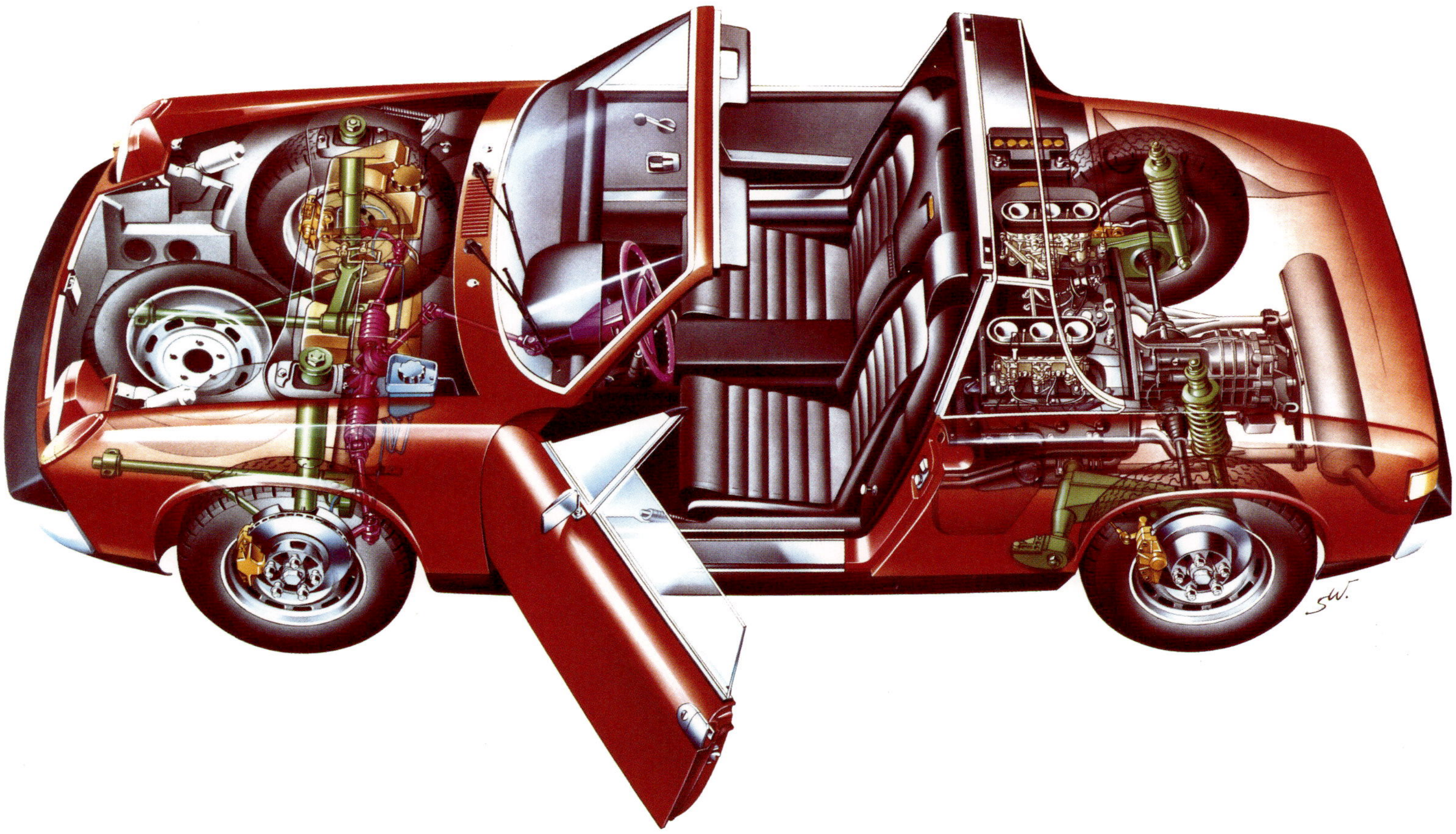

Ci-dessus Vue en coupe de la Porsche 914/6, montrant son moteur central à six cylindres à plat refroidis par air, surmonté d'une double batterie de carburateurs.

Baptisée 914 par Porsche, la nouvelle voiture voit sa production démarrer dans deux usines différentes. La version équipée du moteur quatre cylindres est entièrement assemblée chez Karmann à Osnabrück. L'usine expédie par ailleurs des carrosseries non peintes à Zuffenhausen, où elles sont montées avec le six cylindres de Porsche, parallèlement aux 911. La méthode montre vite ses limites et une toute nouvelle unité de production est construite à Ludwisburg, non loin de l'usine mère de Zuffenhausen. On crée la VW-Porsche Vertriebgesellschaft GmbH, société chargée de commercialiser la voiture dans le monde entier, sous la direction de Klaus Schneider. Volkswagen se réserve toutefois le marché nord-américain, par l'intermédiaire de son nouveau département Porsche et Audi. Si, aux États-Unis, le modèle reste estampillé Porsche et peut aussi être vendu par les concessionnaires de la marque, partout ailleurs, l'enseigne hybride VW-Porsche brouille l'image de la voiture et va la handicaper tout au long de sa vie.

La 914 est présentée au public en 1969 avec un quatre cylindres refroidi par air de 80 ch. Même si son poids ne dépasse pas les 940 kg, ses performances ne la classent pas dans la catégorie des voitures « enthousiasmantes » et l'accueil qui lui est réservé est plutôt tiède. La 914 passe de 0 à 100 km/h en 12,4 s et dépasse à peine les 170 km/h. De façon assez compréhensible, la presse met l'accent sur la raison d'être de la voiture. Au moins donne-t-elle à Porsche l'occasion de montrer sa capacité à produire des voitures agréables, amusantes et sûres pour tous ceux qui souhaitent s'essayer à la conduite sportive. Des leviers transversaux avec jambes de force conjugués avec des barres de torsion longitudinales composent la suspension avant alors que son équivalent arrière marie la solution des bras obliques avec des ressorts hélicoïdaux cerclant les amortisseurs.

Ci-dessus *Équipée d'un moteur six cylindres, la 914/6 compte plusieurs autres améliorations mineures par rapport à la 914, dont un intérieur modernisé.*

Ajoutez à cela la position centrale du moteur, et vous comprendrez pourquoi la voiture, bénéficiant d'une répartition quasi parfaite du poids, se joue des virages les plus serrés et réagit toujours parfaitement aux impulsions du pilote. Les performances sont nettement meilleures sur la 914/6, équipée d'un six cylindres à plat. Emprunté directement à la 911 T, ce 2 litres refroidi par air développe 110 ch à 5 800 tr/min (il semble que les chiffres réels soient plus proches de 120 ch). Le couple moteur atteint 16 mkg à 4 200 tr/min. Cet accroissement de puissance permet à la voiture de passer de 0 à 100 km/h en seulement 8,8 s et d'atteindre les 198 km/h.

Cette six cylindres est aussi équipée de freins améliorés. À l'avant, elle troque ses freins à disque dérivés de modèles VW pour une paire de disques ventilés d'origine 911. La colonne de direction VW cède aussi la place à une pièce de 911. Porsche ajoute également une épaisse couche d'enduit antirouille sous la carrosserie Karmann, mais cette version se révélera aussi sensible à la rouille que sa cousine à quatre cylindres. La 914/6 présente en outre des rapports de vitesse plus courts, d'autres roues et quelques changements dans la présentation et l'aménagement de l'habitacle. En définitive, ce sont les performances du moteur de la 911 qui font la spécificité de la voiture. Mais c'est aussi cette configuration qui va finir par nuire à la 914.

Le problème principal tient au prix. Aux yeux des propriétaires de Volkswagen, la 914 quatre cylindres semble trop exotique. Quant aux enthousiastes de Porsche, ils trouvent la 914/6 trop chère pour un modèle d'entrée de gamme. En 1970, une 914 de 1,7 litre coûte 22 500 F, mais il faut débourser 37 500 F pour une 914/6, soit à peine 4 300 F de moins que pour la 911 T de 2,2 litres, une voiture plus séduisante aux yeux de nombreux clients. En résumé, le modèle de base est trop cher au regard de ses performances et il en va de même pour la version plus puissante. Mais en dépit de pertes colossales (estimables à 110 millions d'euros actuels), Porsche et Volkswagen décident de poursuivre la fabrication. Le modèle de 1973 est équipé d'un moteur 2 litres à quatre cylindres refroidi par air. Cette version améliorée du 1,7 litre d'origine développe une puissance appréciable de 100 ch pour un couple moteur de 16 mkg et permet au nouveau modèle d'atteindre les 187 km/h. Les problèmes sont-ils pour autant résolus ? Oui et non. Le modèle d'entrée de gamme affiche à présent des performances conformes à son prix. Mais, malheureusement, ces améliorations rendent la 914/6 encore plus superflue. Sa production cesse donc à la fin de l'année. Quant au modèle doté d'un moteur de 1,7 litre, il est abandonné l'année suivante (Porsche avait décidé de proposer à la fois les modèles de 1,7 et de 2 litres à sa clientèle peu enthousiaste).

Le modèle de 1,7 litre est alors remplacé par une version de 1,8 litre, équipée d'un système d'injection Bosch L-Jetronic pour le marché américain et de deux carburateurs Solex à double corps pour le marché européen. La clientèle européenne est alors avantagée. Limité par les normes d'émissions américaines toujours plus strictes, le moteur à injection développe 76 ch. À l'inverse, avec les carburateurs Solex, la puissance grimpe à 85 ch. Ces deux moteurs équiperont les 914 jusqu'à leur disparition totale de la gamme Porsche, en 1976.

La 914 de 1973 subit encore d'autres aménagements techniques, en particulier l'adoption d'une commande de boîte latérale comme sur une 911. À l'origine, la 914 est équipée d'une commande par l'arrière. Dire que, sur les premières 914, le changement de vitesse n'est ni doux ni précis tient de l'euphémisme. Malheureusement, le freinage reste négligé, et l'augmentation progressive et constante de la puissance et des performances commence à mettre cruellement en évidence cette lacune.

La 914 est toutefois devenue une machine performante ; et même si le modèle a eu du mal à gagner les faveurs des puristes (pour l'essentiel des propriétaires de 911), son abandon ne se fera pas à l'initiative de Porsche. Il s'agit bien plus de la conséquence d'un changement de direction chez VW. Ayant succédé à Lotz, Rudolf Leiding se prépare en effet à faire entrer sa marque dans une nouvelle ère. Tout en s'amusant à dénigrer les péripéties de la malheureuse berline K70 refroidie par eau, les fans de la 914 abandonnent peu à peu la partie au moment où Volkswagen lance une nouvelle berline à traction avant : la Golf.

On aimerait croire que celle-ci doit quelque chose à la 914, mais alors que la firme de Wolfsburg se lance dans la course pour devenir un des plus grands fabricants d'automobiles au monde, Porsche entre dans une des périodes les plus sombres de son histoire. Non sans ironie, c'est un Roadster équipé d'un moteur central six cylindres qui sauve l'entreprise de la faillite, dans les années 1990, au sortir de la récession. D'abord accueilli avec scepticisme, le Boxster est bien un membre à part entière du club très fermé que forme la marque de Stuttgart.

Ci-dessus *Les problèmes de rouille et de fiabilité ne sont pas les seuls éléments à avoir affecté les ventes de la 914/6. Présentée partout sauf aux États-Unis comme une VW-Porsche, elle était trop chère pour la clientèle de VW et considérée avec suspicion par celle de Porsche.*

chapitre
6

Les coupés à moteur avant

Porsche rime-t-il forcément avec moteur arrière, refroidissement par air et cylindres à plat ? En fait, 30 % de la production totale se composent de modèles à moteur avant à quatre cylindres, refroidi par eau. À partir de 1975, ils se succèdent dans la gamme pendant près de deux décennies : 924, 928, 944 et, enfin, 968. On a parfois cru qu'une de ces voitures allait supplanter la 911 et devenir le nouveau pilier de la marque, mais toutes vont disparaître au milieu des années 1990.

Si la 924 inaugure la série en 1975, c'est la 928, voiture chère et imposante, équipée d'un V8, qui sera la première à être conçue dans l'intention de sauver la marque. En 1972, quand Ferry passe la main à Ernst Fuhrmann (le père du fameux quatre cylindres à plat Carrera avec quatre arbres à cames), c'est l'épilogue de la direction, du style, mais aussi des rivalités d'une famille, la fin du règne sans partage de Ferdinand Porsche. Mais pour la marque, une nouvelle aventure commence.

Page précédente *La première des Porsche de grand tourisme, la 928 à moteur avant refroidi par eau.*

LA 924

La société VW-Porsche Vertriebgesellschaft, créée pour commercialiser la 914, prend vite conscience que le nouveau modèle n'aura pas la longévité de la 356. Mais les 120 000 unités vendues en six ans de production représentent un résultat trop encourageant pour être négligé. Porsche songe alors à un nouveau projet. Il s'agit de concevoir une autre voiture vendue en commun avec VW ou Audi.

Comme la 356, cette Porsche va être dotée d'une suspension, d'une direction, de freins et d'une motorisation Volkswagen. Elle aura un habitacle similaire à celui de la 911, mais plus confortable, avec un coffre spacieux. En fait, il s'agit d'utiliser le plus de pièces VW possible tout en obtenant une quatre-places proche de la 928 (dont il va être question dans ce chapitre), tant extérieurement que techniquement.

Le moteur est un quatre cylindres refroidi par eau déjà utilisé dans la gamme VW pour l'utilitaire LT. Cette fois, il est monté à l'avant et doté d'un système d'injection. Son bloc en fonte fait l'objet de critiques pour son manque de raffinement, d'autant que les premiers

exemplaires souffrent d'un phénomène d'évaporation de carburant et de difficultés à la mise en marche à chaud. Le moteur développe toutefois 125 ch à 5 800 tr/min et propulse la voiture à 190 km/h, avec une accélération de 0 à 100 km/h en moins de 10 s. Pour assurer une distribution des masses proche des 50/50, la transmission est montée à l'arrière, avec le différentiel. On privilégie cette transmission « transaxle », bien dans la tradition des défis techniques dont Porsche s'est fait une spécialité. Le résultat est une voiture équilibrée avec une tenue de cap très stable même à grande vitesse. La suspension avant combine le principe de jambes MacPherson de coccinelle avec des bras inférieurs de Golf. À l'arrière, le système à triangles obliques et les barres de torsion sont, tout comme les freins, empruntés à la coccinelle. La transmission à quatre rapports Audi, d'un coût réduit, est équipée d'un synchroniseur Porsche, et la crémaillère, empruntée à la Golf, dispose d'un rapport de démultiplication plus élevé.

Le tableau de bord rappelle celui de la 911, mais les instruments sont, eux aussi, des pièces VW. Après le lancement des premiers modèles, la voiture sera dotée d'une console centrale. La réduction des coûts exigée par VW aboutit à un intérieur plutôt bruyant et de qualité médiocre même si son style va bientôt copier celui de Porsche. Œuvre de Harm Lagaay, la carrosserie a été dessinée pour rappeler non seulement la 928 mais aussi la tradition des lignes et des courbes propres à Porsche. Les phares avant rétractables et le pare-brise fortement incliné donnent à la voiture un Cx avantageux de 0,34. La voiture a d'évidentes qualités pratiques. Parfaits pour des enfants, les sièges arrière peuvent se rabattre, agrandissant considérablement le coffre auquel on accède par le hayon vitré.

Quand la société commune disparaît, le projet manque de revenir à VW. Mais la crise du pétrole des années 1973-1974 change la donne et VW renonce bientôt à développer le modèle. Porsche est convaincu de ses chances de succès, d'autant que ses concessionnaires réclament une voiture capable de gonfler leurs ventes. La marque de Stuttgart rachète le projet au début de 1975 pour 40 millions de dollars et obtient

1976 Porsche 924

Moteur

Type : quatre cylindres à ligne refroidis par eau
Disposition : central avant
Cylindrée : 1 984 cm^3
Alésage x course : 86,5 x 84,4 mm
Taux de compression : 9,3 : 1
Distribution : un arbre à cames en tête, deux soupapes par cylindre
Alimentation : injection Bosch K-Jetronic
Puissance : 125 ch à 5 800 tr/mn
Couple : 16,8 mkg à 3 500 tr/mn

Châssis

Suspension avant : McPherson avec bras inférieurs de guidage et barre antiroulis
Suspension arrière : bras obliques, barres de torsion transversales et barre antiroulis
Direction : à crémaillère
Freins avant : disques
Freins arrière : tambours
ABS : non
Jantes : 5,5J x 14 en alliage
Pneumatiques : 165 HR 14

Transmission

Type : aux roues arrière
Boîte : mécanique manuelle à quatre ou cinq rapports

Divers

Empattement : 2 400 mm
Longueur : 4 213 mm
Largeur : 1 676 mm
Poids à vide : 1 065 kg

Performances

Vitesse maximale : 190 km/h
0 à 100 km/h : 9,9 s

Page ci-contre, en haut *Vue arrière d'une des premières 924, sortie des chaînes en 1975, avec son hayon arrière vitré caractéristique. Peu d'unités sont écoulées pendant cette première année de fabrication, mais les ventes décollent en 1977, avec le lancement d'une nouvelle version à boîte automatique, lancement concomitant avec celui de la 928.*

Page ci-contre, en bas *La 924 de 1977 est équipée de phares rétractables, formule déjà utilisée sur la 914, et son pare-chocs avec feux et clignotants est parfaitement intégré à l'ensemble.*

Ci-contre *Vue en coupe de la 924 avec son moteur avant refroidi par eau.*

En haut *La S, dernière des 924, est lancée dans l'espoir d'améliorer les ventes. Mais en dépit de sa puissance portée à 150 ch, elle rencontre peu de succès et est retirée de la vente après seulement trois ans d'existence. La voiture photographiée ici date de 1987.*

Ci-dessus *Deux versions spéciales de 924 seront produites, l'une en livrée « Martini », en 1986, et cette version « Le Mans », disponible seulement en 1988.*

que VW fabrique la voiture avec un contrôle de qualité Porsche, dans l'ancienne usine NSU à Neckarsulm. L'affaire est rondement menée et, dès le mois de novembre 1975, la 924 est lancée. Les ventes démarrent doucement, car bridées par les normes d'émission, les performances de la version de 95 ch destinée aux États-Unis se révèlent peu convaincantes. Mais en 1977, avec la version de 110 ch à transmission automatique trois vitesses, les chiffres grippent en flèche : la même année, 25 000 voitures trouvent preneurs. La 924 entame alors une évolution qui l'éloigne résolument de ses origines, marquées par VW, et continue à enregistrer de bons résultats : la 100 000e 924 sort des chaînes en 1981 et 120 000 unités auront été produites quand la production sera arrêtée en 1985.

Pour célébrer sa victoire au Championnat du monde des marques en 1976, Porsche lance une version de la 924 en livrée « Martini ». Mais il faut attendre l'introduction du modèle Turbo en 1978 pour que la 924 devienne une voiture vraiment sportive. Extérieurement, la Turbo se distingue de la 924 de série par ses quatre prises d'air dans le pare-chocs avant et une prise d'air Naca sur le capot, conçue pour mieux refroidir le turbocompresseur. Un soubassement de carrosserie aérodynamique améliore aussi le refroidissement et un becquet arrière en polyuréthane noir augmente la stabilité et réduit la traînée. Enfin, des finitions intérieures plus excentriques ajoutent un peu de piment à l'image de la gamme.

Mais le vrai changement est sous le capot. Avec sa nouvelle culasse en alliage, son moteur diffère clairement du VW de série. La vedette revient au turbocompresseur KKK. Sa pression de suralimentation limitée à 0,7 bar pousse la puissance à 170 ch pour un couple moteur de 24,9 mkg. De quoi abaisser de 2 s le temps pour passer de 0 à 100 km/h et permettre à la voiture d'atteindre les 225 km/h. Une nouvelle augmentation de puissance de 7 ch aura lieu en 1982, grâce à l'installation d'un système de gestion électronique.

Les Turbo les plus en vue sont les Carrera GT et GTS, modèles conçus pour la compétition (seules 400 GT seront construites). Les arches de roues élargies frappent d'emblée le regard et rapprochent la GT de la 944. Avec 245 ch lui assurant une vitesse maximale de 250 km/h, la GTS est encore plus sportive. Différentiel à glissement limité, freins à disque perforés, suspension de course, roues Fuchs en alliage et intérieur réduit à l'essentiel, permettant

Ci-dessus et ci-contre *Avec son allure résolument sportive, la Carrera GT de 1980 est la dernière des 924.*

un gain de poids de 60 kg, en font une vraie routière de course. Mais moins de soixante exemplaires sont construits et rares sont ceux qui auront le privilège de tester leurs exceptionnelles possibilités.

La dernière des 924 est la S. Elle fait son apparition en 1986 et reste en vente jusqu'en juin 1988. Le nombre de moteurs commandés par Porsche étant relativement modeste et ne justifiant pas son maintien en production, Audi décide d'arrêter la fabrication des blocs en fonte. Les critiques permanentes quant au caractère peu excitant du moteur 2 litres et des normes de pollution toujours plus sévères incitent Porsche à opter pour le 2,5 litres de la 944, dans sa version de 150 ch. Il donne à la 924 une puissance appréciable imposant l'adoption de freins de Carrera GT. En 1988, la S est équipée exactement du même moteur de 160 ch que la 944.

L'ultime 924 est la version spéciale « Le Mans », développée pour célébrer la douzième victoire de la marque. Elle est bien meilleure que la première 924, plus rapide, plus raffinée et mieux conçue. Mais jamais la 924 n'est arrivée à s'affranchir vraiment de son héritage roturier et, lorsqu'elle disparaît, elle est totalement éclipsée par la 944.

GROS PLAN SUR LA 924 CARRERA GT

Quand le prototype de la Carrera GT est dévoilé au Salon de Francfort de 1979, le modèle est salué par la presse comme le digne successeur des 911 Carrera RS. Les puristes de la marque trouvent alors sans doute beaucoup à redire, mais Porsche a effectivement l'intention (on a bien du mal à le concevoir aujourd'hui !) de renoncer à la 911 dans un proche avenir. La direction espère que la 924 Carrera GT va faciliter cette douloureuse transition. La Carrera GT est l'ultime évolution de la 924, un modèle d'homologation spécial dont chaque

1980 Porsche 924 Carrera GT

Moteur

Type : quatre cylindres à ligne refroidis par eau
Disposition : central avant
Cylindrée : 1 984 cm^3
Alésage x course : 86,5 x 84,4 mm
Taux de compression : 8,5 : 1
Distribution : un arbre à cames en tête, deux soupapes par cylindre
Alimentation : injection Bosch K-Jetronic + turbo KKK
Puissance : 210 ch à 6 000 tr/mn
Couple : 28 mkg à 3 500 tr/mn

Châssis

Suspension avant : McPherson avec bras inférieurs de guidage et barre antiroulis
Suspension arrière : bras obliques, barres de torsion transversales et barre antiroulis
Direction : à crémaillère
Freins avant : disques ventilés
Freins arrière : disques ventilés
ABS : non
Jantes : 7J x 16 à l'avant et 8J x 16 à l'arrière, en alliage
Pneumatiques : 205/55VR 16 à l'avant et 225/50VR 16 à l'arrière

Transmission

Type : aux roues arrière
Boîte : mécanique manuelle à cinq rapports

Divers

Empattement : 2 400 mm
Longueur : 4 320 mm
Largeur : 1 735 mm
Poids à vide : 1 180 kg

Performances

Vitesse maximale : 240 km/h
0 à 100 km/h : 6,9 s

Page ci-contre, en haut *928 de 1979. Conçue comme un modèle grand tourisme de luxe, la 928, élue voiture de l'année en 1978, s'adresse à des clients fortunés.*

Page ci-contre, en bas *Vue en coupe de la 928 avec son moteur impressionnant et ses sièges recouverts d'un tissu à damier, caractéristique des premiers modèles.*

Ci-dessous *Arrière arrondi caractéristique de la Porsche 928. Renforcés pour absorber les petits chocs sans se déformer, les pare-chocs avant et arrière sont dissimulés par un carénage de la même couleur que la carrosserie qui intègre aussi les feux.*

centimètre carré respire la voiture de course. Le règlement des Vingt-Quatre Heures du Mans exige la production de quatre cents unités pour que Porsche puisse participer à l'édition 1980 (ce que la marque fera non sans succès). Si la voiture de série est équipée «seulement» d'un 210 ch contre 350 ch pour la version de compétition, elle fait tout de même figure de star au sein de la famille 924.

À l'époque, la 924 Carrera GT fait sensation à chacune de ses apparitions. Comparée à elle, même la version Turbo plus puissante paraît bien fade en termes de style. Une imposante prise d'air orne le capot, formule qui attire les regards et sera copiée bien des fois dans les années 1970-1980. Les ailes élargies à l'avant comme à l'arrière ajoutent 40 mm à la voie du véhicule et constituent sans doute le changement visuel le plus marquant par rapport à la 924 de série. C'est aussi l'option choisie pour l'évolution de la 944.

La Carrera GT est au-devant de la scène, mais en a-t-elle les moyens? Porsche s'en assure en équipant le turbocompresseur d'une turbine plus grande, la pression passant de 0,65 à 0,75 bar, et en ajoutant un refroidisseur d'air de suralimentation. Couvert par la prise d'air du capot, celui-ci permet de réduire la température de 45 °C. Des pistons plus légers et des arbres à cames renforcés ont pris place dans les entrailles du moteur. À l'arrivée, le 2 litres développe 210 ch pour un couple moteur de 28 mkg.

La Carrera GT bénéficie aussi de quelques améliorations propres aux modèles de course, comme son système d'échappement allégé, permettant un gain de poids de 20 kg. Un argument de plus pour aider la voiture à atteindre une vitesse maximale de 240 km/h et passer de 0 à 100 km/h en seulement 6,9 s. Des ressorts tarés plus fermement, une garde au sol plus basse et des barres stabilisatrices plus raides caractérisent les suspensions. Grâce à ses jantes Fuchs généreusement chaussées, notamment à l'arrière (225/50VR16), la motricité est difficilement prise en défaut.

Cela dit, quand vous prenez le volant, la première impression n'est pas celle qu'on attend aujourd'hui d'une Porsche de course. La boîte de vitesses paraît un peu lente et interdit au pilote de changer de rapports à la volée. Le moteur (dérivé d'une mécanique VW) a un son un peu rugueux, et inutile d'attendre un feu d'artifice pour ce qui est de l'accélération. La turbine met un certain temps à atteindre son plein régime et la Carrera GT souffre d'un fort retard de turbo. Mais une fois dépassés les 3 000 tr/min, la voiture décolle pour de bon. La suspension donne toute sa mesure à grande vitesse et la direction, lourde en ville, devient alors particulièrement réactive. Il faut être vigilant pour éviter que le turbo ne se déclenche au beau milieu d'un virage, mais, traitée avec respect, la 924 Carrera GT fait preuve d'un vrai tempérament.

Un intérieur un peu fade, des freins timides selon les critères actuels et un turbo capricieux sont autant d'éléments qui trahissent l'âge de la Carrera GT. Mais voilà plus de vingt ans, cette voiture atteignait déjà les 240 km/h pour une consommation de 7,8 litres/100 km. Avec son allure de sportive, elle continue à procurer des sensations fortes sur route comme sur circuit et peut aussi évoluer en ville. En fait, le seul reproche qu'on peut adresser à Porsche tient à cette question : pourquoi avoir fabriqué seulement quatre cents unités de cette remarquable GT?

LA 928

Fuhrmann pensait que la vieille 911 avait fait son temps et constituait un anachronisme de plus en plus coûteux. Il souhaitait accroître la clientèle de Porsche grâce à une voiture de grand tourisme moderne et raffinée. Équipée d'un V8 refroidi par eau, la 928 sera la première vraie Porsche à rompre avec la tradition de la marque du refroidissement par air. Monté à l'avant, le moteur entraîne les roues arrière. Le but? Obtenir une répartition optimale des masses sur un châssis dont l'équilibre est censé gagner les suffrages des fidèles de la marque. La voiture bénéficiera aussi de toutes les attentions possibles en matière de poids, de luxe et de raffinement.

1978 Porsche 928

Moteur

Type : huit cylindres en V à 90° refroidis par eau

Disposition : central avant

Cylindrée : 4474 cm^3

Alésage x course : 95 x 78,9 mm

Taux de compression : 10 : 1

Distribution : un arbre à cames en tête par rangée de cylindres, deux soupapes par cylindre

Alimentation : injection Bosch K-Jetronic

Puissance : 240 ch à 5250 tr/mn

Couple : 38,7 mkg à 3600 tr/mn

Châssis

Suspension avant : doubles triangles superposés, combinés ressorts/amortisseurs et barre antiroulis

Suspension arrière : triangles inférieurs, bras supérieurs transversaux, combinés ressorts/amortisseurs et barre antiroulis

Direction : à crémaillère, assistée

Freins avant : disques ventilés

Freins arrière : disques ventilés

ABS : non

Jantes : 7J x 16, en alliage

Pneumatiques : 225/50VR 16

Transmission

Type : aux roues arrière

Boîte : mécanique manuelle à cinq rapports

Divers

Empattement : 2500 mm

Longueur : 4447 mm

Largeur : 1836 mm

Poids à vide : 1450 kg

Performances

Vitesse maximale : 230 km/h

0 à 100 km/h : 7,2 s

Ci-dessus *Les modèles S sont équipés de becquets avant et arrière pour améliorer l'aérodynamisme. De petite taille, ils peuvent passer inaperçus à moins de comparer la S avec le modèle standard (voir page 94).*

Avec sa carrosserie signée Tony Lapine, la 928 est présentée au Salon de Genève de 1977. Son capot allongé et convexe ainsi que son arrière courbe récoltent les louanges du public et de la presse, et la 928 est élue voiture européenne de l'année 1978.

Après la polémique déclenchée par la 924 en raison de ses origines bâtardes, la 928 semble marquer le retour en force de Porsche. La crise du pétrole touche à sa fin et les bolides de luxe deviennent à nouveau parfaitement acceptables. Pour Porsche, la 928 signe un nouveau positionnement pour la marque qui devient un fabricant « à part entière ». Celle-ci propose la 924, en entrée de gamme, suivie par la 911, une sportive à prix moyen, et, pour finir, la 928, modèle de grand tourisme prêt à concurrencer les Jaguar XJS et Mercedes SL.

Comme pour la 924, la carrosserie présente une combinaison de lignes tranchées et de courbes étudiées. Les pare-chocs avant et arrière sont dissimulés sous un carénage en plastique déformable. La formule permet un dessin soigné et témoigne de la résistance de la carrosserie aux impacts à faible vitesse. Portes, capot et ailes en aluminium contribuent aux économies de poids. L'intérieur en cuir est doté de tous les accessoires électriques voulus. Il y a aussi quelques astuces comme le caractère solitaire du volant et du bloc instrumental, autorisant un réglage en hauteur des deux éléments simultanément, ou encore une boîte à gants climatisée en option.

Le V8 refroidi par eau de 4 474 cm^3 utilise aussi l'aluminium pour sa culasse et ses bloc-cylindres. Avec un système d'injection Bosch et un simple arbre à cames en tête par rangée de cylindres, il affiche 240 ch et atteint les 100 km/h en un peu plus de 7 s, pour une vitesse maximale de 230 km/h. La transmission est identique à celle de la 924, à l'exception de la boîte de vitesses reportée à hauteur du pont arrière. La suspension est classique : roues indépendantes à l'arrière comme à l'avant, avec ressorts hélicoïdaux et barres stabilisatrices. L'arrière est équipé d'un essieu Weissach comportant une articulation supplémentaire calculée de manière à compenser les variations de pincement, responsables de micro-braquages susceptibles d'influencer négativement la tenue de route. Si les journalistes américains apprécient le côté voluptueux de la 928, leurs confrères européens sont moins enthousiastes. Elle leur semble trop luxueuse pour une sportive et n'a pas, à leurs yeux, le panache de la 911.

En 1979, Porsche présente la 928 S comme une première réponse aux critiques sur les performances de la 928. Elle est équipée de becquets avant et arrière pour améliorer l'aérodynamisme peu brillant de son aînée. La cylindrée est portée à 4,7 litres pour rendre le véhicule plus vif et plus rapide. La puissance passe à 300 ch, avec un couple moteur de 39,2 mkg. Aux yeux de tous, les performances de la 928 S sont à présent dignes d'une Porsche. En 1983, la version normale est abandonnée et la « S » grimpe à 310 ch, pour une vitesse maximale de 250 km/h. Mais pour les vrais fans de Porsche, le compte n'y est toujours pas, et le tir sera rectifié avec la 928 S4 de 1986, fortement révisée.

Quand Porsche lance la S4 pour apporter un sang nouveau au modèle, la 928 a déjà près de dix ans. Extérieurement, la S4 bénéficie d'un avant redessiné et d'un becquet arrière plus grand. Le moteur reçoit lui aussi son lot d'aménagements. Sa cylindrée passe à 4 957 cm^3 et ses culasses accueillent chacune deux arbres à cames par rangée de cylindres et seize soupapes, combinaison analogue au moteur de la 944 S. Une augmentation de puissance conséquente permet maintenant une accélération de 0 à 100 km/h en 6 s et une vitesse maximale de 265 km/h.

Mais ce n'est à l'évidence pas assez. Si la 928 GT de 1989 aligne 330 ch, la GTS, dernier modèle de la série, affiche la puissance incroyable de 350 ch. La 928 ne cesse d'être perfectionnée pour parvenir à des performances de plus en plus époustouflantes. Les bons conducteurs commencent à apprécier les capacités de la voiture sur routes difficiles et sa propension à dévorer les kilomètres. Elle sert de plate-forme pour expérimenter le premier ABS de Porsche et se vend à 61 000 unités.

Mais c'est toujours insuffisant. Au moment de sa disparition, au début des années 1990, la 928 est encore trop chère (plus de 600 000 F de l'époque) et n'est pas parvenue à changer le verdict des puristes. Pour eux, elle reste une voiture de luxe, une Mercedes SL à la sauce Porsche. Loin de supplanter la 911, la 928 a au contraire démontré combien le vieil étalon de la marque était indispensable.

PLEIN PHARE SUR LA 928 S4 GT DE 1989

La S4 vaudra à Porsche des jugements très partagés. Certains apprécient la voiture avec son comportement routier sûr à défaut d'être amusant, son « équipement sportif » bien visible et la séduction de son aménagement intérieur tout-électrique. C'est pour eux la voiture de grand tourisme par excellence. D'autres la détestent. Elle serait trop douce et trop lourde pour une vraie sportive. En 1989, poussé principalement par ses distributeurs britanniques, Porsche lance la 928 S4 GT, un modèle aux performances hors normes. Plus puissante, plus nerveuse, avec une fiabilité exceptionnelle et toute une série d'améliorations, elle en offre vraiment plus au pilote. Mais les aficionados de Porsche sont-ils pour autant comblés ?

Ci-dessus *La 928 S4 offre des améliorations en matière de design et de puissance : l'intérieur change peu, mais les becquets sont agrandis, l'avant redessiné, la cylindrée et les performances augmentées.*

Ci-contre *Vue en coupe de la 928 S4 GT. On remarque son becquet plus grand et ses roues élargies.*

Page ci-contre, en haut et au centre *Lancée en 1983, la 928 S2 bénéficie d'une puissance et de performances légèrement supérieures au modèle S standard, mais sa production ne dépassera pas quelques mois. Elle est très vite remplacée par la S3 puis par la S4.*

Ci-contre et page ci-contre *À la fin des années 1980, la 928 est déclinée en version GT puis GTS (présentée ici), disponible à partir de 1991. Le huit cylindres présente à la fois une cylindrée et une puissance augmentées (5 397 cm³ et 350 ch). Comme le veut la tendance des années 1990, les lignes et l'aménagement de la voiture sont volontairement épurés. Le modèle présenté est une GTS de 1994.*

1989 Porsche 928 S4 GT

Moteur

Type : huit cylindres en V à 90° refroidis par eau
Disposition : central avant
Cylindrée : 4957 cm³
Alésage x course : 100 x 78,9 mm
Taux de compression : 10 : 1
Distribution : deux arbres à cames en tête par rangée de cylindres, quatre soupapes par cylindre
Alimentation : injection Bosch LH-Jetronic
Puissance : 330 ch à 6200 tr/mn
Couple : 43,8 mkg à 4100 tr/mn

Châssis

Suspension avant : doubles triangles superposés, combinés ressorts/amortisseurs et barre antiroulis
Suspension arrière : triangles inférieurs, bras supérieurs transversaux, combinés ressorts/amortisseurs et barre antiroulis
Direction : à crémaillère, assistée
Freins avant : disques ventilés
Freins arrière : disques ventilés
ABS : oui
Jantes : 8J x 16 à l'avant et 9J x 16 à l'arrière, en alliage
Pneumatiques : 225/50VR 16 à l'avant et 245/45VR 16 à l'arrière

Transmission

Type : aux roues arrière
Boîte : mécanique manuelle à cinq rapports

Divers

Empattement : 2500 mm
Longueur : 4520 mm
Largeur : 1836 mm
Poids à vide : 1580 kg

Performances

Vitesse maximale : 275 km/h
0 à 100 km/h : 5,8 s

En fait, elle n'est pas adaptée à la ville et, pour aller au travail, autant garder sa 911. Dans la circulation, la S4 GT se révèle un peu rétive. Très rapprochées, les trois premières vitesses obligent à une conduite saccadée et l'embrayage est un peu dur. La voiture ne devient confortable qu'aux grandes vitesses. Les conducteurs se plaignent de la disposition décalée de la première qui ralentit le passage en seconde. Mais les vitesses supérieures sont un vrai rêve. On peut accélérer en cinquième à 800 tr/min sur un filet de gaz, et sur route nombre de conducteurs ne descendent jamais en dessous de la quatrième. La version automatique est plus adaptée pour évoluer à basse vitesse, mais, comme chacun sait, une voiture de sport à boîte automatique trouve bien peu d'amateurs en dehors des États-Unis. De plus, un des arguments de vente les plus porteurs est la demi-seconde gagnée par rapport à la S4 pour passer de 0 à 100 km/h (soit 5,3 s). Or cette performance est impossible avec la version automatique.

La largeur des roues est augmentée de près d'un pouce par rapport à la S4, ce qui améliore la tenue de route sauf au passage d'une ligne blanche. Porsche a en effet équipé les roues arrière de pneumatiques Bridgestone RE71 unidirectionnels 245/45, qui n'apprécient que très moyennement la peinture blanche utilisée en voirie. Ils amènent la roue à se déporter dangereusement au moindre contact. Ce défaut vaut une réputation injustifiée au modèle. Une erreur d'autant plus étonnante pour Porsche que, sur le béton, ces pneumatiques font aussi un bruit assourdissant. Si on y ajoute sa tendance au survirage sur route humide, la conduite de la 928 S4 GT n'est pas une sinécure. On se demande bien pourquoi Porsche a cherché à modifier un point qui ne posait pas de problème sur la S4.

Cela dit, la 928 S4 GT a bien des qualités comparée à son aînée. La suspension a été durcie de 10 % pour donner à la version sport une conduite plus ferme et plus prévisible à grande vitesse, au risque de dégrader le confort en ville. Le V8 à 32 soupapes est transfiguré par l'adoption de nouveaux arbres à cames, d'une unité de gestion moteur

modifiée et d'une double ligne d'échappement. La puissance et le couple moteur annoncés sont certes très proches de ceux de la S4 mais, passé 4 000 tr/min, la différence de caractère est évidente. Sans devenir imprévisible, la voiture se transforme en une GT incroyablement rapide. On assiste à une accélération à la fois fluide et foudroyante qui peut, dans un simple grondement, faire passer le moteur de 500 à 6 750 tr/min sur le dernier rapport. On en oublie presque de regarder le compteur de vitesses tant est grande la fascination exercée par cette mécanique. Sur la route comme sur circuit, la voiture atteint sans difficulté 275 km/h.

À l'intérieur (pour ceux que ces détails intéressent), tout en conservant la majeure partie de l'équipement de son aînée, dont le tableau de bord et les instruments au dessin soigné, la S4 GT se débarrasse avec soulagement du système de commandes électrique de réglage qui était plus une source de problèmes que de satisfactions. Climatisée et équipée de sièges plus sportifs au maintien idéal, la voiture est un engin parfait pour les longs trajets à grande vitesse.

Quant à la Club Sport ou CS, c'est la même voiture mais avec une insonorisation et un confort réduits (afin de gagner en poids et en «sportivité») auxquels s'ajoute un système de climatisation plus sommaire. Elle est surtout populaire en Allemagne et dans certains pays du continent, en dépit du bruit assourdissant du moteur et d'un habitacle limité à l'essentiel. Elle séduit moins les vrais amateurs de GT, cette sorte de voiture habillée d'une silhouette émouvante présentant un vrai confort et étant dotée d'une vitesse de pointe se confondant avec la vitesse de croisière. Quoi qu'il en soit, les GT restantes – pas les 928 et 928 S, considérées comme des «décalcomanies» – sont actuellement très recherchées par les collectionneurs. Leur cote élevée en témoigne.

1982 Porsche 944

Moteur
Type : quatre cylindres à ligne refroidis par eau
Disposition : central avant
Cylindrée : 2 479 cm^3
Alésage x course : 100 x 78,9 mm
Taux de compression : 10,6 : 1
Distribution : un arbre à cames en tête, deux soupapes par cylindre
Alimentation : injection Bosch L-Jetronic
Puissance : 163 ch à 5 800 tr/mn
Couple : 20,9 mkg à 3 000 tr/mn

Châssis
Suspension avant : McPherson avec bras inférieurs de guidage et barre antiroulis
Suspension arrière : bras obliques, barres de torsion transversales et barre antiroulis
Direction : à crémaillère
Freins avant : disques ventilés
Freins arrière : disques ventilés
ABS : non
Jantes : 7J x 15 en alliage
Pneumatiques : 185/70 VR 15

Transmission
Type : aux roues arrière
Boîte : mécanique manuelle à cinq rapports

Divers
Empattement : 2 400 mm
Longueur : 4 200 mm
Largeur : 1 735 mm
Poids à vide : 1 180 kg

Performances
Vitesse maximale : 200 km/h
0 à 100 km/h : 8,4 s

LA 944

Même les cyniques doivent reconnaître que la 924 s'est plutôt bien vendue. Mais quand les années 1970 touchent à leur fin, la demande pour un modèle d'entrée de gamme diminue. Le nouveau patron, Peter Schutz, doit trouver un moyen de raviver la flamme, et il ne va pas tarder à le trouver.

Porsche met alors au point un nouveau moteur destiné à venir se loger dans une carrosserie de 924 Turbo. Un V6 semble peu pratique d'autant qu'il ne tiendrait pas dans le compartiment. On opte donc pour un quatre cylindres en ligne, en partant d'une des rangées de cylindres du moteur de la 928 S. Le résultat est un 2 479 cm^3 en aluminium. Il résout le manque de raffinement de la 924 grâce à deux arbres d'équilibrage à rotation inverse qui compensent les vibrations.

Schutz a conscience des potentialités du projet mais opte pour la caisse plus agressive de la Carrera GT à série limitée. Il espère que la nouvelle sportive, avec plus de 160 ch et 210 km/h de vitesse maximale, sera considérée comme une vraie Porsche, faisant oublier la parenté avec VW/Audi qui a fait tant de tort à la 924. La 944 est toutefois équipée d'une boîte Audi à cinq vitesses, avec le même tube central la rattachant au moteur. L'assemblage est identique à celui de la 924 Turbo. La suspension est elle aussi identique à celle du modèle précédent, avec toutefois quelques améliorations, tandis que les freins proviennent de la Carrera GT. Même l'aménagement intérieur reproduit celui de la 924, avant d'être remanié en 1985. Le lancement du nouveau modèle Turbo est l'occasion de revoir le design de l'habitacle avec un nouveau tableau de bord de forme ovale, des bouches d'aération plus grandes et un volant surélevé de 18 mm, pour ménager plus d'espace au pilote.

Lancée en 1985, la 944 Turbo de 220 ch est immédiatement saluée par la presse. Hormis quelques critiques sur son prix, presque identique à celui de la 911, le modèle aligne des performances (245 km/h) propres à égaler celles de son aîné. Il dispose de tout le raffinement nécessaire à une GT moderne. Mieux profilée pour réduire la traînée et limiter le bruit à grande vitesse, la carrosserie arbore également quelques appendices aérodynamiques susceptibles d'améliorer sa tenue de cap à grande vitesse.

Ci-dessous *La 944 dans les bureaux d'étude Porsche. Prévue pour succéder à la 924, dont les ventes sont alors en chute, elle emprunte beaucoup à son aînée, avant de se distinguer dans sa version Turbo.*

Ci-dessus et ci-contre *Une 944 de 1985. Son arrière plus carré que celui, tout en courbes, de la 928, incite certains commentateurs à parler de manque d'inspiration. Mais l'avant est sans conteste celui d'une Porsche.*

Page ci-contre, en bas *Vue en coupe de la 944.*

En 1988 apparaît la Turbo S, une édition limitée plus puissante de 250 ch. À l'origine, Porsche prévoit de ne pas dépasser les mille unités, pour conserver son exclusivité au modèle. Mais la demande est telle qu'en 1989 la 944 Turbo de série est elle aussi portée à 250 ch, une décision qui, bien évidemment, mécontente un grand nombre d'acheteurs de la version S.

À la fin des années 1980, Porsche doit à nouveau se battre, en particulier aux États-Unis, où la féroce concurrence japonaise et un taux de change des plus défavorables lui mènent la vie dure. Mais comme toujours en pareil cas, Porsche décide tout simplement de produire une meilleure voiture. La S2 de 1989 dérive de la 944 S seize soupapes lancée en 1986. Le moteur de 190 ch, utilisant une rangée de cylindres du 5 litres de la 928, n'a en fait jamais très bien fonctionné. Il lui manque le panache que promettaient ses origines. Mais la S2 va rectifier le tir. Avec la carrosserie mieux profilée du modèle Turbo et une cylindrée portée à 3 litres, elle développe une puissance de 211 ch et un couple moteur remarquable de 28,6 mkg.

Avec un système de refroidissement dérivé de la formule 1 TAG, des barres stabilisatrices (ou barres antiroulis) plus rigides, d'excellents freins empruntés à la Turbo 250 ch et des roues en alliage de 16 pouces, la S2 tient ses promesses. Elle frise les 240 km/h, et pour atteindre 100 km/h, il lui faut 1 seconde de moins que la 2,5 litres. Elle n'égale peut-être pas la Turbo, mais son châssis amélioré et sa cylindrée permettent une conduite plus coulée.

Ci-dessus et en haut *La 944 S de 2,5 litres est lancée après les premiers turbo en 1986-1987. Elle combine plusieurs éléments déjà développés par Porsche : le moteur seize soupapes de la 944 standard, conçu à partir d'une rangée de cylindres du V8 de la 928 S4, et des perfectionnements électroniques empruntés à la 944 Turbo.*

Ci-contre *La S2 succède à la S en 1989. Elle bénéficie d'un nouveau moteur 3 litres, d'améliorations apportées au freinage et au refroidissement et d'un dépoussiérage complet de la carrosserie comme de l'aménagement intérieur.*

Nombreux sont ceux qui préfèrent la montée en puissance progressive du quatre cylindres et si cela ne suffit pas à convaincre, son prix inférieur de 137 000 F peut faire la différence.

La version cabriolet du S2 suit de peu le coupé, même si un premier prototype de 944 décapotable a été présenté au Salon de Francfort en 1985. Il aura fallu près de cinq ans à l'American Sunroof Company (entreprise chargée de fabriquer le modèle) pour mettre en route sa nouvelle usine. Une fois le toit fermé, entrer ou sortir de la voiture demande une certaine souplesse et la visibilité du pilote est fortement réduite, surtout vers l'arrière.

Mais une fois décapoté, le cabriolet est une merveilleuse machine. L'aspect un peu dépassé de l'arrière de la 944, si proche de la 924, est ici nettement amélioré par l'adoption d'un coffre plus plat qui accentue la sportivité des lignes. Avec son plancher renforcé et son accessibilité certes réduite, le cabriolet a perdu en confort mais il trouve tout de même preneur.

En 1991, à la veille du lancement de la 968, Porsche propose ses dernières 944. Réservée au marché anglais, la SE est sans doute la meilleure de toutes. Pour 2 000 £ de plus que la S2, elle voit sa puissance passer à 225 ch et bénéficie d'une suspension surbaissée et d'un nouvel aménagement intérieur. La 944 quitte la scène en beauté.

Ci-dessus *Toujours populaire : la version cabriolet de la 944 de 1990. Dépourvue du hayon qui l'identifie à une 924, celle-ci trouvera de nombreux acquéreurs.*

COUP DE PROJECTEUR SUR LA 944 TURBO

La 944 Turbo ne remportera jamais le succès commercial escompté par Porsche essentiellement en raison de son prix de lancement (près de 300 000 F) qui la situe d'emblée dans la même catégorie que la 911. Les amateurs du célèbre coupé s'obstineront à bouder la 944 tout comme la 924, sept ans auparavant. C'est d'autant plus dommage que la voiture est très bien accueillie par la presse qui apprécie son raffinement, ses performances et son comportement routier. En termes de performances pures, elle fait jeu égal avec la 911 Carrera de 3,2 litres. Avec ses 250 ch, la version postérieure à 1988 atteint les 100 km/h en six secondes pour une vitesse maximale de 257 km/h. Voilà pourquoi ce modèle mal aimé reste une des meilleures voitures jamais fabriquées par la marque de Stuttgart.

L'aérodynamisme joue un rôle majeur dans les performances de la voiture. Aux lignes profilées et aux pare-chocs intégrés s'ajoute l'étude soignée des flux d'air sous le capot moteur, susceptible d'améliorer le remplissage du moteur à grande vitesse. L'arrière comprend un diffuseur qui refroidit le réservoir et la boîte de vitesses. Le montage du pare-brise est parfaitement ajusté et même les gicleurs de lave-phares et du pare-brise sont profilés. Résultat : un Cx très bas, une vitesse de pointe plus élevée et la maîtrise du bruit et des courants d'air.

1987 Porsche 944 Turbo

Moteur

Type : quatre cylindres à ligne refroidis par eau
Disposition : central avant
Cylindrée : 2 479 cm^3
Alésage x course : 100 x 78,9 mm
Taux de compression : 8,1 : 1
Distribution : un arbre à cames en tête, deux soupapes par cylindre
Alimentation : injection Bosch L-Jetronic + turbo KKK
Puissance : 220 ch à 5 800 tr/mn
Couple : 33,6 mkg à 3 500 tr/mn

Châssis

Suspension avant : McPherson avec bras inférieurs de guidage et barre antiroulis
Suspension arrière : bras obliques, barres de torsion transversales et barre antiroulis
Direction : à crémaillère, assistée
Freins avant : disques ventilés
Freins arrière : disques ventilés
ABS : non
Jantes : 7J x 16 à l'avant et 8J x 16 à l'arrière, en alliage
Pneumatiques : 205/55 VR 16 à l'avant et 225/50 VR 16 à l'arrière

Transmission

Type : aux roues arrière
Boîte : mécanique manuelle à cinq rapports

Divers

Empattement : 2 400 mm
Longueur : 4 230 mm
Largeur : 1 735 mm
Poids à vide : 1 350 kg

Performances

Vitesse maximale : 245 km/h
0 à 100 km/h : 6,3 s

Ce dernier aspect est primordial, car la 944 Turbo joue autant la carte du luxe que celle des performances. De fait, 65 % de ses 100 kg supplémentaires sont dus à de nouveaux aménagements. La voiture est équipée de sièges Recaro à réglage électrique, d'un toit ouvrant électrique et d'une climatisation automatique.

La 944 bénéficie de l'expérience acquise par la marque durant la courte vie de sa cousine, la 924 Carrera GT. La marque annonce qu'elle a, pour ainsi dire, éliminé le retard de turbo grâce au contrôle électronique de la soupape de décharge du turbocompresseur. À la mise en route du turbo, la voiture ne produit plus le fameux « boom » qui avait surpris tant de conducteurs inexpérimentés. Bien d'autres composants vont subir des modifications pour s'adapter au surcroît de puissance du 2,7 litres : le diamètre du disque d'embrayage est augmenté, la transmission a été renforcée et la suspension a reçu son lot d'aménagements (ressorts tarés plus fermement et barres antiroulis plus grosses). Des pneumatiques plus larges et aux flancs moins hauts améliorent la tenue de route. Même s'ils sont bruyants, ils permettent une conduite incisive appréciée par les anciens conducteurs de 924 Turbo et de Carrera. Le sousvirage constaté sur les premières 944 a encore été réduit et la tendance au survirage observée sur sol glissant des modèles précédents a disparu, les glissades arrière devenant limitées et contrôlables. Mais avec son aérodynamisme encore amélioré et son poids réduit, à grande vitesse, la voiture se révèle sensible aux vents latéraux. La moindre brise est ressentie par le pilote et, combiné à la direction très sensible de la voiture, l'effet produit peut être déroutant.

Ci-dessus *Une 944 Turbo de première génération. Ce modèle date de 1986 et montre à quel point cette voiture peut être séduisante.*

Page ci-contre *Vue en coupe de la 944 Turbo de 1985. On remarque l'avant plus aplati de ce modèle à l'aérodynamisme très étudié.*

En définitive, la 944 Turbo est un très beau modèle, peut-être le plus beau des coupés de cette série, même si, sur bien des points, il s'éloigne de la tradition Porsche. Ses défauts se limitent à quelques broutilles et avec son confort optimal (climatisation, réglage électrique des sièges et toit ouvrant automatique), il y a fort à parier qu'il deviendra une classique recherchée.

LA 968

Au début des années 1990, Porsche semble un peu fragilisé. La 911 est toujours là mais la 944 a disparu, victime des séquelles économiques qui ont suivi le krach boursier de 1987. La 928 poursuit sa route vaille que vaille, mais ce dinosaure vendu très cher n'est pas en mesure de sauver l'entreprise. Même les nouvelles du monde des courses, d'habitude si généreux avec la marque, sont mauvaises : les deux formules 1 Arrows

et le projet Indy causent bien plus de soucis qu'ils n'apportent de satisfactions aux ingénieurs de Stuttgart.

Porsche a besoin d'un nouveau modèle, une voiture capable d'attirer un nombre suffisant de clients sans ternir une image déjà altérée. Le modèle doit avoir bonne allure et faire mieux que la concurrence en termes de performances, mais sans trop solliciter le portefeuille des acheteurs. Porsche ne dispose toutefois pas des fonds nécessaires pour développer un nouveau concept, et quand la 968 fait son apparition en 1991, elle est décrite de façon quelque peu étrange comme « neuve à 80 % ». La presse ne se laisse pas convaincre par cette présentation. En fait, les ingénieurs ont à l'évidence rajeuni la 944, un choix qui, selon le directeur du développement, Paul Hensler, répond à une politique consciente « d'évolution sans révolution ».

La 968 hérite du quatre cylindres 3 litres de la 944 S2 mais avec de nettes améliorations. Pour prouver qu'un tel moteur peut convenir à une sportive, les ingénieurs augmentent sa puissance et l'allègent au maximum. Pour cela, des pistons forgés et des bielles spéciales ont été adoptés, permettant de faire passer le régime maximal de 5 800 à 6 200 tr/min. La tubulure d'admission a été redessinée et Porsche met au point un dispositif de distribution variable pour les arbres à cames (VarioCam), ce qui améliore le couple moteur à bas régime, sans affecter le couple maximal. Enfin, un collecteur d'échappement à flux libre (et au son très agréable) donne à la voiture une gamme sonore digne d'une sportive. Avec sa boîte manuelle à six vitesses, le moteur développe maintenant

240 ch pour un couple de 31,1 mkg, de quoi propulser la voiture à 252 km/h, et accélérer de 0 à 100 km/h en 6,5 s à peine.

Si la filiation de la 968 avec la 944 est évidente, une série d'améliorations stylistiques ont permis de moderniser la silhouette. Plus proche du style de la 928 et des 911, son avant «très Porsche» se distingue de la 944 et de ses phares escamotables. Ceux de la 968 sont toujours visibles, mais peuvent se rétracter en rentrant dans les ailes. Le Cx pâtit quelque peu de ce nouveau mécanisme, mais l'utilisation de panneaux flexibles en polyuréthane, à l'avant comme à l'arrière, constitue un vrai avantage pratique en limitant les effets des petits chocs. Si l'avant soulève quelques interrogations, rares sont ceux qui mettent en doute les progrès de l'arrière, aux lignes nettes, élégantes, modernes et sans fioritures. Le coffre et l'aménagement de l'habitacle sont immédiatement identifiables par les propriétaires de 944, à l'exception des instruments de mesure et du volant équipé d'un airbag. Notons toutefois que cet intérieur associant solidité et ergonomie semble quelque peu austère.

La star de cette série, qui se distingue par l'accueil tiède de la presse, est la version cabriolet. La décapotable 968 est, et reste, une des voitures les plus séduisantes qui soient, avec un profil s'adaptant parfaitement à la configuration d'un cabriolet.

Quelque temps plus tard, en 1993, Porsche annonce la sortie d'une 968 exceptionnelle, la Club-Sport (voir 109), un futur classique. Dans la foulée, la marque lance la plus puissante de toutes les 968 : la Turbo S est un modèle très cher, une série strictement limitée conçue pour permettre à Porsche de participer à de nouvelles courses GT en Allemagne. Fabriquée par le centre de recherche de Weissach, elle est équipée d'un moteur huit soupapes avec turbocompresseur KKK refroidi

1992 Porsche 968

Moteur

Type : quatre cylindres à ligne refroidis par eau
Disposition : central avant
Cylindrée : 2 990 cm³
Alésage x course : 104 x 88 mm
Taux de compression : 11,1 : 1
Distribution : deux arbre à cames en tête, quatre soupapes par cylindre
Alimentation : injection électronique Bosch Motronic
Puissance : 240 ch à 6 200 tr/mn
Couple : 31,1 mkg à 4 100 tr/mn

Châssis

Suspension avant : McPherson avec bras inférieurs de guidage et barre antiroulis
Suspension arrière : bras obliques, barres de torsion transversales et barre antiroulis
Direction : à crémaillère, assistée
Freins avant : disques ventilés
Freins arrière : disques ventilés
ABS : oui
Jantes : 7J x 16 à l'avant et 8J x 16 à l'arrière, en alliage
Pneumatiques : 205/55VR 16 à l'avant et 225/50VR 16 à l'arrière

Transmission

Type : aux roues arrière
Boîte : mécanique manuelle à six rapports

Divers

Empattement : 2 400 mm
Longueur : 4 320 mm
Largeur : 1 735 mm
Poids à vide : 1 370 kg

Performances

Vitesse maximale : 252 km/h
0 à 100 km/h : 6,5 s

Ci-contre *Vue en coupe de la 968 de 1992, avec le système VarioCam.*

Page ci-contre, en haut *Un modèle 1993 de la 968, présenté à un Salon. Conçue pour sauver Porsche de la récession mondiale, la 968 ne parvient pas à gagner les faveurs du public. Elle tire sa révérence en 1995.*

Page ci-contre, en bas *L'intérieur de la 968 diffère peu de celui des dernières 944.*

Ci-dessus et à droite *Les lignes de la 968 s'adaptent fort bien à la silhouette décapotable, comme le démontre le cabriolet de 1993.*

Ci-contre *La Turbo S de 1994 est une série limitée développée pour permettre à Porsche de participer aux courses GT dans son propre pays. Cet objet de collection a des fans dans le monde entier.*

Page ci-contre *La 968 Sport de 1994 est un modèle spécial qui reprend certaines améliorations de la 968 Club Sport dans une enveloppe de 968 standard, mais avec quelques aménagements plus luxueux.*

par eau, soufflant à 1 bar de pression. Le moteur affiche 305 ch et un couple époustouflant de 51 mkg. Avec ses 280 km/h, la Turbo S est d'emblée une voiture de légende.

En définitive, la meilleure des 968 est peut-être la Sport, réservée au marché britannique. Contrariés par les prix avantageux des 968 vendues aux États-Unis, les Anglais souhaitent malgré tout bénéficier d'un aménagement intérieur moins spartiate que celui de la Club Sport. Dotée du même châssis amélioré, la Sport comprend donc quelques gadgets supplémentaires pour un prix inférieur de 13 000 euros à celui de la 968 standard.

Mais la récession persiste et la 968 n'atteint pas les chiffres de vente attendus. Elle a en outre de sérieux défauts. On utilise toujours les procédés de fabrication de la 944 dont les standards (écarts de 7 mm entre les différents panneaux de carrosserie) sont notoirement

insuffisants pour une marque de qualité. Avec des composants datant des années 1970, la 968 est moins neuve qu'il y paraît et, à la mi-1995, Porsche abandonne le modèle.

UNE VEDETTE : LA 968 CLUB SPORT

À l'image des 911 Carrera CS et 928 S4 CS (voir plus haut), la 968 CS est conçue comme une pure sportive à l'aménagement simplifié, propre à séduire ceux qui ont envie d'une voiture plus vive que confortable ou qui disposent d'un budget limité. Cette version est à la 968 ce que la 911 RS America était à la 911 Carrera. Débarrassée des accessoires électriques et de la banquette arrière, elle est équipée de sièges de course et d'une suspension abaissée. Elle affiche un prix inférieur à toutes les autres Porsche, sinon à toutes les concurrentes de la même catégorie. Il faut y ajouter des décors autocollants et, en option, des roues de la même couleur que la carrosserie : la Club Sport n'a pas peur des couleurs vives ! Qui plus est, elle épate les critiques par son exceptionnelle tenue de route et le plaisir que procure sa conduite. Elle est proclamée voiture « au meilleur comportement » de l'année 1993 par le magazine *Autocar and Motor*. À en juger par les sites Internet qui lui sont consacrés, elle séduit surtout les Japonais et les Américains à la recherche d'une sportive sans concession. Son intérieur basique n'a par contre jamais attiré les Anglais, qui ont eu droit à leur propre version, la 968 Sport, moins spartiate mais tout aussi abordable.

La 968 CS est la dernière Porsche équipée d'un moteur avant quatre cylindres refroidi par eau. Elle reste un classique quoique plutôt rare : 1 923 exemplaires ont été fabriqués et un peu moins sont aujourd'hui encore en état de rouler.

1993 Porsche 968 Turbo S

Moteur

Type : quatre cylindres à ligne refroidis par eau
Disposition : central avant
Cylindrée : 2 990 cm^3
Alésage x course : 104 x 88 mm
Taux de compression : 7,5 : 1
Distribution : deux arbre à cames en tête, deux soupapes par cylindre
Alimentation : injection électronique Bosch Motronic + turbo KKK
Puissance : 305 ch à 5 600 tr/mn
Couple : 51 mkg à 3 000 tr/mn

Châssis

Suspension avant : McPherson avec bras inférieurs de guidage et barre antiroulis
Suspension arrière : bras obliques, barres de torsion transversales et barre antiroulis
Direction : à crémaillère, assistée
Freins avant : disques ventilés
Freins arrière : disques ventilés
ABS : oui
Jantes : 8J x 18 à l'avant et 10J x 18 à l'arrière, en alliage
Pneumatiques : 235/40 ZR 18 à l'avant et 265/35 ZR 18 à l'arrière

Transmission

Type : aux roues arrière
Boîte : mécanique manuelle à six rapports

Divers

Empattement : 2 400 mm
Longueur : 4 320 mm
Largeur : 1 735 mm
Poids à vide : 1 300 kg

Performances

Vitesse maximale : 280 km/h
0 à 100 km/h : 5 s

chapitre
7

Les 911 spéciales

Il n'a jamais fait de doute que Porsche créait des voitures hors normes. Des premières 356 Speedster des années 1950 aux « supercars » 911 Turbo des années 1980, en passant par les premières 911 des années 1960 et 1970, la marque s'est toujours efforcée de lancer des modèles dotés du petit quelque chose qui les propulsait d'emblée au-dessus de la mêlée.

La marque puise ses traditions dans le sport automobile. Des premiers exploits d'ingénieur de Ferdinand Porsche à ses seize victoires aux Vingt-Quatre Heures du Mans, la firme de Stuttgart a toujours eu l'art de gagner des courses aussi brillamment qu'elle fabriquait des voitures de série. Porsche a su tirer parti de cette expérience et des demandes de ses fidèles clients pour produire des routières toujours plus performantes et spécialisées qui donnèrent à l'entreprise son aura en se distinguant aussi sur les circuits. Ce sont des voitures faites pour ceux qui trouvent les Porsche de série trop ordinaires. Ces séries limitées issues de l'univers de la compétition sont le *nec plus ultra* des voitures produites par la marque. Voilà des machines qui fréquentent plus souvent les stands de ravitaillement que le garage du coin. De vraies voitures de course pour la route, des Porsche qui symbolisent la quintessence du plaisir de conduire. Voilà les 911 spéciales.

Page précédente *Avec ses performances et son allure exceptionnelles, la 959 est une star des routes et des circuits.*

Ci-dessous *Coupe de la « supercar » 959, conçue spécialement pour le groupe B par les ateliers de Weissach, elle passe de 0 à 100 km/h en seulement 3,9 s.*

LA 959

La 959 restera dans l'histoire comme l'incarnation suprême de la 911. Elle a été la « supercar » la plus sportive, une des plus puissantes et technologiquement la plus avancée à être sortie des ateliers de Stuttgart. Dévoilée lors de l'édition 1983 du Salon de Francfort, la 959 est présentée comme un projet conçu pour permettre l'entrée de Porsche dans le groupe B de la compétition automobile. L'intention est de développer à la fois un modèle de course pour les Vingt-Quatre Heures du Mans et une voiture de rallye pour le Paris-Dakar. À l'époque, pour répondre aux conditions d'homologation, Porsche doit produire au moins

deux cents unités de son nouveau modèle. Mais plutôt que d'imiter ses concurrents, en fabriquant quelques centaines de voitures inadaptées à la route, la marque décide d'offrir des innovations techniques à sa clientèle. Autre détail important, la 959 est la première voiture de série à friser les 320 km/h, une performance qui permet à Porsche de prendre l'avantage sur Ferrari, son plus proche rival.

Mais ce qui semblait être une occasion capitale va tourner court. La mise au point du modèle est freinée par une activité industrielle en chute et par la complexité même de la voiture. Même les ingénieurs de Stuttgart ont du mal à en venir à bout. Qui plus est, au cours des championnats du monde, une série d'accidents tragiques impliquant des voitures du groupe B, comme la Lancia Delta S4 et la Ford RS200, viennent assombrir le tableau. Avant même que la 959 n'entre en lice, le législateur interdit les groupes B. Mais toutes les portes du rallye ne se ferment pas pour autant à ces machines incroyablement puissantes et, en 1986, René Metge décroche la victoire au Paris-Dakar, avec une 959.

La 959 de série se révèle être une voiture exceptionnelle. Ses lignes proches de la 911 sont le résultat de longues études en soufflerie. Elles visent non seulement à améliorer l'aérodynamisme, mais aussi à plaquer la voiture au sol à grande vitesse. À l'exception des portes et du capot en aluminium, la carrosserie utilise un plastique déformable PUR-RIMM pour le nez, et des matériaux composites renforcés de kevlar pour le reste des panneaux, en empruntant les techniques de l'industrie aéronautique.

Cette enveloppe dissimule, qui plus est, un véritable joyau technologique. Porsche décide d'équiper la voiture d'une transmission à quatre roues motrices. Mais, à l'inverse d'Audi,

En haut *La 959 bénéficie de toute une série d'innovations et sa carrosserie s'inspire beaucoup des techniques de l'industrie aéronautique.*

Ci-dessus *Vue en coupe de la 959, montrant le six cylindres à plat. Les culasses et le turbocompresseur sont refroidis par eau, tandis que le bloc-moteur est refroidi par air.*

1987 Porsche 959

Moteur

Type : six cylindres à plat à refroidissement mixte (air pour les cylindres, eau pour les culasses)
Disposition : en porte à faux arrière
Cylindrée : 2 850 cm³
Alésage x course : 95 x 67 mm
Taux de compression : 8,3 : 1
Distribution : deux arbres à cames en tête par rangée de cylindre, quatre soupapes par cylindre
Alimentation : injection électronique Bosch Motronic + deux turbo KKK
Puissance : 450 ch à 6 500 tr/mn
Couple : 51 mkg à 5 500 tr/mn

Châssis

Suspension avant : doubles triangles superposés, doubles combinés ressorts/amortisseurs et barre antiroulis
Suspension arrière : doubles triangles superposés, simples combinés ressorts/amortisseurs + un second amortisseur et barre antiroulis
Direction : à crémaillère, assistée
Freins avant : disques ventilés
Freins arrière : disques ventilés
ABS : oui
Jantes : 8J x 17 à l'avant et 9J x 17 à l'arrière, en alliage
Pneumatiques : 235/45 ZR 17 à l'avant et 255/40 ZR 17 à l'arrière

Transmission

Type : 4 x 4 permanent
Boîte : mécanique manuelle à six rapports

Divers

Empattement : 2 270 mm
Longueur : 4 260 mm
Largeur : 1 840 mm
Poids à vide : 1 450 kg

Performances

Vitesse maximale : 315 km/h
0 à 100 km/h : 3,9 s

Porsche ne se contente pas d'utiliser une transmission à quatre roues motrices classique. Les ingénieurs veulent développer un système qui non seulement procure les bénéfices d'une telle transmission (comme une meilleure motricité), mais permet aussi de supprimer les inconvénients inhérents à la formule, surtout lorsqu'on la pousse à ses extrêmes. Parmi ceux-ci, il s'agit de conserver une bonne perception de la route au travers de la direction et, plus important encore, d'obtenir une distribution adéquate du couple et de la puissance entre les essieux avant et arrière lors d'une accélération, sur différentes surfaces et dans diverses conditions.

Porsche réussit à développer un système de transmission complexe et d'une efficacité redoutable. Les roues arrière sont entraînées par la boîte six vitesses à l'aide d'un différentiel conventionnel. La boîte de vitesses comprend aussi un arbre de sortie vers le différentiel avant qui intègre le système de contrôle d'embrayage Porsche (PSK). Cet embrayage multidisque, avec ses sept disques baignant dans l'huile, a un fonctionnement analogue à un différentiel plus classique en usage normal. Autrement dit, quand le système détecte une perte d'adhérence sur l'un des trains, une pression s'exerce sur les disques de façon à augmenter le pourcentage de couple transmis au train déficitaire. Mais la vraie originalité de cette transmission est ailleurs. Un grand nombre de capteurs répartis dans le châssis mesurent en permanence la vitesse, un éventuel patinage, le régime et les instructions transmises au véhicule. Ces informations sont transmises à l'unité de contrôle qui détermine la répartition du couple moteur. Dans des conditions de conduite normales, elle est respectivement de 40 % à l'avant et 60 % à l'arrière, mais en cas de forte accélération, on peut passer respectivement à 20 et 80 %. Grâce à un sélecteur situé sur le tableau de bord, le conducteur a aussi la possibilité de choisir entre quatre programmes : temps sec, temps humide, neige et blocage de différentiel central. Le dernier mode lui permet de bloquer celui-ci quand il cherche à démarrer dans une forte couche de neige.

Ci-dessus *Vue de l'habitacle de la 959.*

Page ci-contre
Ci-dessus *Vue arrière de la 959 avec son becquet caractéristique et ses feux sur toute la largeur de la voiture, où s'affiche le nom de la marque.*
Ci-dessous *Le moteur compact mais puissant de la 959.*

Si la mise au point de cette transmission est à la fois complexe et coûteuse, elle est aussi essentielle, car c'est elle qui va donner sa spécificité à la 959. Disposé à l'arrière, le six cylindres à plat présente aussi d'importantes avancées technologiques. Les culasses disposent d'un système de refroidissement par eau autonome, avec des radiateurs montés derrière les roues arrière, alors que le bloc-moteur en aluminium est refroidi par air. Le moteur comprend quatre soupapes par cylindre avec des soupapes d'échappement au sodium. Les bielles sont en titane et le moteur dispose d'un système de lubrification par carter sec. Les deux turbocompresseurs KKK sont refroidis par eau et dotés d'un refroidisseur d'air de suralimentation. Ils sont en outre combinés à un système de suralimentation à deux étages qui réduit le temps de retard de turbo et assure au véhicule une accélération plus instantanée. Le dernier-né des systèmes d'injection électronique Bosch Motronic achève de rendre les performances de la 959 imbattables. La puissance maximale est de 450 ch à 6 500 tr/min pour un couple moteur de 51 mkg à 5 500 tr/min. L'accélération de 0 à 100 km/h se fait en seulement 3,9 s et la vitesse maximale atteint le chiffre époustouflant de 315 km/h.

Directement dérivée des modèles de course, la suspension associe un système à double triangulation et des ressorts hélicoïdaux. Avec deux amortisseurs par roue et un correcteur

d'assiette automatique, le pilote de la 959 est assuré d'un contrôle optimal. Les freins profitent eux aussi de l'expérience des courses. De grands disques ventilés de 322 mm à l'avant et 304 mm à l'arrière sont pincés par de puissants étriers à quatre pistons. Un nouveau système antiblocage Porsche-WABCO, le premier utilisé par la marque, complète l'ensemble. Dernière avancée technique, un système de contrôle automatique de la pression équipe les quatre roues en magnésium.

La 959 coûte 250 000 dollars, un prix en rapport avec son statut de « supercar ». Produite à seulement deux cents exemplaires en deux versions, l'une « confort » et l'autre « sport » (cette dernière sans climatisation, sans siège arrière ni système sophistiqué de réglage de la garde au sol), la voiture est réservée aux clients de la marque (on a toutefois peu de chance d'y retrouver les acheteurs de la 924 !) et rejoint en général directement leur collection privée. Ses propriétaires spéculent sur la flambée des prix. Celle-ci ne manquera pas de se produire au milieu des années 1990. Les rares privilégiés à avoir pris le

volant d'une 959 ont vécu une expérience de conduite inoubliable. Sa puissance, son assurance de championne et son extraordinaire tenue de route font de son pilotage un des plus précis et des plus exigeants qui soient. La Ferrari F40 a beau tenir le devant de la scène et les McLaren dominer la formule 1, la Porsche 959 a sa place dans l'esprit de chaque enthousiaste du sport automobile comme une des « supercars » les plus accomplies à avoir jamais brûlé le bitume.

LA 911 (964) RS

La Carrera RS de 3,6 litres peut être considérée comme une sorte de version routière de la Carrera Cup. Produite en vertu des règles d'homologation de la FISA, elle est déclinée en deux versions, un modèle « sport » à l'équipement simplifié et une version « touring » au confort amélioré.

Comme pour la première RS 2,7 litres de 1973, la voiture est conçue dans l'optique de la course. Emprunté à la Carrera de série, son moteur de 3,6 litres refroidi par air est modifié par l'adjonction d'un filtre à air spécial et d'un système d'échappement plus libre qui augmentent sa puissance de 10 ch, soit 260 ch au total. La 964 RS adopte aussi la boîte cinq vitesses de la Cup, dont les particularités sont des rapports de première et de seconde rallongés, ainsi qu'un pont autobloquant repris à la 911 Turbo contemporaine. Des barres stabilisatrices réglables et un abaissement de 40 mm de la garde au sol font aussi partie des modifications, auxquelles s'ajoutent des roues de 17 pouces en magnésium, ultime emprunt à l'équipement des voitures de course.

La 964 RS est dépourvue de sièges arrière, sa coque étant allégée de tout produit de protection et des matériaux insonorisants. L'équipement intérieur est lui aussi simplifié, avec pour principale attraction deux sièges Recaro. Les arceaux de sécurité ne font bien sûr pas partie de l'équipement standard, mais peuvent être commandés en option à l'usine de Weissach. La version « touring » comporte une protection sous la carrosserie et une insonorisation, mais pèse tout de même 100 kg de moins que la Carrera 2.

Ci-dessus *Une 959 de compétition. Première du Paris-Dakar en 1986, la 959 est conçue à l'origine comme une voiture de course. À condition de pouvoir se le payer, c'est bien le modèle parfait pour participer à des compétitions. On distingue l'arceau de sécurité derrière le siège du pilote.*

Page ci-contre *La série des RS a enregistré bien des succès. Cette Carrera 911 RS de 1984 a été préparée pour participer à des compétitions.*

Dans son exécution la plus basique, la RS est pour sa part plus légère de 150 kg par rapport au modèle standard.

La 964 RS fait franchir une nouvelle étape à l'expérience de conduite proposée par Porsche. Son moteur refroidi par air ne demande qu'à monter en régime et réagit de façon fulgurante, pressant le pilote de libérer ses chevaux piaffant d'impatience. La 964 RS se caractérise par un tempérament tranchant, car, outre son moteur nerveux, elle bénéficie d'une suspension et d'une direction exceptionnelles. Plus fermement suspendue que la Carrera 2, elle fait preuve d'une réactivité telle qu'on n'en a pas vu sur une 911 depuis la première 2,7 litres RS. Calé dans son siège baquet Recaro, le conducteur fait un avec la voiture et ressent chaque mouvement de la suspension, chaque descente et chaque montée de la route. La direction directe « téléphone » au pilote la plus infime information en provenance des roues avant. Celui-ci dessine ses trajectoires comme un peintre manie son pinceau. Avec art et doigté.

À sa sortie, la RS était sans doute un peu brute pour les aficionados de la marque. Ils jugeaient son habitacle trop spartiate et sa suspension trop raide par rapport à ses contemporaines, sans parler du volume sonore de la cabine dépourvue de toute protection antibruit. Mais aujourd'hui, la 964 RS est de toutes les 911 celle que les amoureux de Porsche désirent le plus conduire, si on leur en donne l'occasion. Alors que les voitures de sport deviennent de plus en plus civilisées, sinon aseptisées, elle demeure une vraie sportive, exigeante à piloter. Si la 964 RS a mis dix ans à trouver sa place sur le marché, c'est une fois de plus la preuve que Porsche produit souvent des voitures auxquelles le public n'est pas préparé.

1992 Porsche 911 (964) RS

Moteur
Type : six cylindres à plat refroidis par air
Disposition : en porte à faux arrière
Cylindrée : 3 600 cm^3
Alésage x course : 100 x 76,4 mm
Taux de compression : 11,8 : 1
Distribution : un arbre à cames en tête par rangée de cylindre, deux soupapes par cylindre
Alimentation : injection électronique Bosch Motronic
Puissance : 260 ch à 6 100 tr/mn
Couple : 33,1 mkg à 4 800 tr/mn

Châssis
Suspension avant : McPherson avec bras inférieurs de guidage et barre antiroulis
Suspension arrière : bras obliques, combinés ressorts/amortisseurs et barre antiroulis
Direction : à crémaillère, assistée
Freins avant : disques ventilés
Freins arrière : disques ventilés
ABS : oui
Jantes : 7,5J x 17 à l'avant et 9J x 17 à l'arrière, en alliage
Pneumatiques : 205/50 ZR 17 à l'avant et 255/40 ZR 17 à l'arrière

Transmission
Type : aux roues arrière
Boîte : mécanique manuelle à cinq rapports

Divers
Empattement : 2 270 mm
Longueur : 4 250 mm
Largeur : 1 650 mm
Poids à vide : 1 220 kg

Performances
Vitesse maximale : 260 km/h
0 à 100 km/h : 5,4 s

Ci-dessus *La 993 Carrera Turbo 4 de 1995 est une véritable «supercar». Sa puissance et son accélération époustouflantes contribuent à ses performances hors normes.*

LA 911 (993) TURBO 4

Toute gamme des 911 serait incomplète sans une Turbo. Avec la 993, première Turbo à quatre roues motrices, Porsche fait franchir une nouvelle étape à sa favorite et se lance délibérément à l'assaut du marché des «supercars». La firme de Stuttgart sait qu'elle doit en découdre avec la sublime Ferrari F355 et la redoutable Lamborghini Diablo. Face à ces modèles qui combinent fort bien la tradition, la passion et la puissance, Porsche va jouer la carte de la précision.

Lancée en 1995, la dernière Turbo à moteur refroidi par air aligne un équipement technique qui défie l'imagination. Voilà une voiture qui, sur une simple pression du pied droit, peut développer 408 ch et un couple considérable de 55 mkg (540 Nm), grâce à son six cylindres à plat de 3,6 litres, équipé d'un double turbocompresseur KKK. Avec une telle puissance et une transmission à quatre roues motrices empruntée à la Carrera 4 de série, les performances de la voiture ne peuvent être mises en doute. Elle accélère de 0 à 100 km en 4,5 s et atteint 290 km/h de vitesse maximale. La 911 Turbo est vraiment devenue adulte.

Avec une telle puissance, une adhérence prodigieuse et des freins exceptionnels, capables de stopper la voiture lancée à 100 km/h en à peine 3,8 s, la 993 Turbo ne s'en laisse conter par personne. Elle est capable de conserver une parfaite maîtrise, même lancée pied au plancher dans un virage serré, sans la moindre tendance au survirage ou, plus effrayant, au sousvirage. La 993 s'accroche à la route et file sans qu'aucune de ses quatre roues motrices ne laisse de trace de pneu sur la chaussée.

Le modèle 993 reprend le moteur de la 964, équipé de deux turbocompresseurs KKK K16. Le six cylindres à plat est contrôlé par un système d'injection Bosch 5.2 Motronic et refroidi par deux gros refroidisseurs d'air de suralimentation. La capacité du moteur à maîtriser le débit d'air et la soupape de décharge des turbocompresseurs permet de porter le taux de compression à 8.1 :1, contre 7.5 :1 pour les modèles de la génération précédente. Le dispositif permet aussi à la voiture de rouler avec du carburant sans plomb à 98 octanes, le mieux adapté aux « supercars ». Le résultat, déjà décrit plus haut, est tout bonnement remarquable, et le système de transmission sophistiqué à quatre roues motrices donne au conducteur le loisir d'extraire la dernière once de puissance qui reste à la voiture. Elle est équipée d'une boîte manuelle six vitesses empruntée à la 911 Carrera 4. La répartition du couple entre les trains s'opère dans la proportion 20/80, en faveur des roues arrière. La voiture est aussi équipée d'un différentiel à glissement limité, tandis que le contrôle automatique des freins permet de contrôler le patinage jusqu'à 70 km/h.

Comme toutes les 911 de la série des 993, la Turbo est équipée d'une nouvelle suspension arrière multibras, qui non seulement permet de réduire les effets de l'implantation mécanique mais assure aussi un meilleur contrôle et une stabilité arrière supérieure à grande vitesse. Eu égard à la vitesse que peut atteindre cette voiture, le résultat ne peut être que positif. Des jambes de force MacPherson sont utilisées à l'avant. À l'avant comme à l'arrière, les suspensions font un abondant usage de l'aluminium. On limite ainsi le poids non suspendu, ce qui optimise la direction et la réactivité de la voiture.

La 911 Turbo se distingue de ses cadettes par une carrosserie plus large de 60 mm. Le pare-chocs avant inclut une prise d'air élargie, avec un conduit plus étroit de chaque côté, de façon à améliorer le refroidissement des freins. Enfin, des jupes latérales profilées font la liaison entre le bas des ailes avant et les arches hypertrophiées des roues arrière. La Turbo s'identifie aisément à son becquet dit

1995 Porsche 911 (993) Turbo

Moteur

Type : six cylindres à plat refroidis par air
Disposition : en porte à faux arrière
Cylindrée : 3600 cm^3
Alésage x course : 100 x 76,4 mm
Taux de compression : 8,1 : 1
Distribution : un arbre à cames en tête par rangée de cylindre, deux soupapes par cylindre
Alimentation : injection électronique Bosch Motronic + deux turbo KKK
Puissance : 408 ch à 5750 tr/mn
Couple : 55 mkg à 4500 tr/mn

Châssis

Suspension avant : McPherson avec bras inférieurs de guidage et barre antiroulis
Suspension arrière : multibras, combinés ressorts/amortisseurs et barre antiroulis
Direction : à crémaillère, assistée
Freins avant : disques ventilés
Freins arrière : disques ventilés
ABS : oui
Jantes : 8J x 18 à l'avant et 10J x 18 à l'arrière, en alliage
Pneumatiques : 225/40 ZR 18 à l'avant et 265/35 ZR 18 à l'arrière

Transmission

Type : 4 x 4 permanent
Boîte : mécanique manuelle à six rapports

Divers

Empattement : 2270 mm
Longueur : 4245 mm
Largeur : 1795 mm
Poids à vide : 1500 kg

Performances

Vitesse maximale : 290 km/h
0 à 100 km/h : 4,5 s

Ci-contre *L'arrière de la 993 Turbo 4 a comme un air de famille avec celui des autres 911. Large et trapu, il est équipé de roues de 10 pouces, de deux pots d'échappement et d'un becquet caractéristique.*

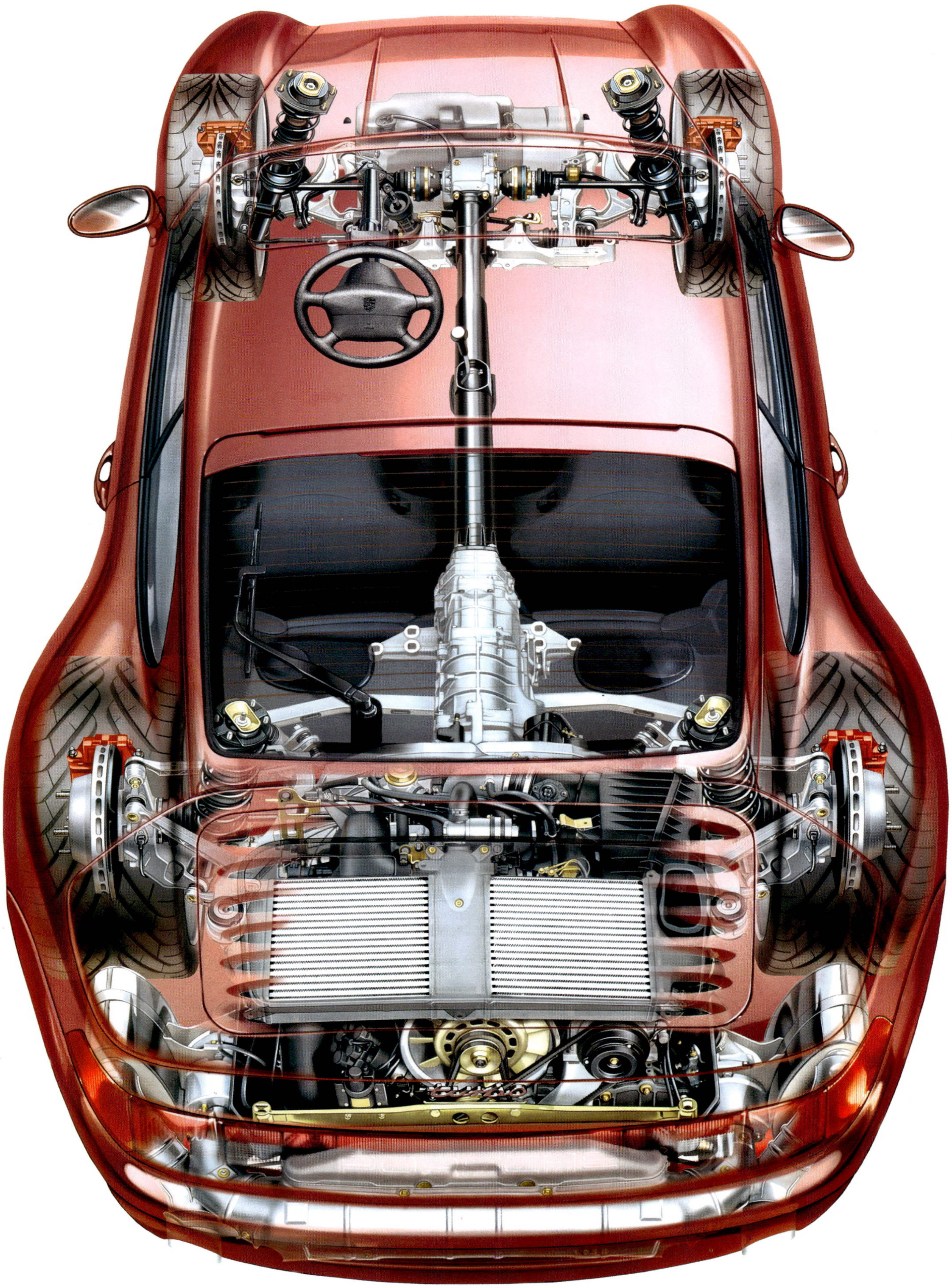

Ci-contre *Vue sur le compartiment moteur soigné de la 993 Turbo, avec sa large grille masquant les turbocompresseurs KKK.*

Ci-dessus
En haut *L'avant de la 993 Turbo, avec son coffre spacieux.*
En bas *L'intérieur luxueux de cette 1995 Turbo a été entièrement recouvert de cuir noir, un aménagement conforme au standing et au prix du modèle.*

Page ci-contre *Vue en coupe de la 993 Turbo 4. On remarque la largeur de l'arrière, en partie due aux énormes roues, et le nouveau système de transmission à quatre roues motrices.*

« en plateau à thé ». L'ultime évolution de la ligne est due aux roues en alliage larges de 8 pouces à l'avant et de 10 à l'arrière. La dernière des 911 refroidies par air joue avec maestria de la combinaison entre élégance et agressivité. Son assise trapue, ses hanches élargies et ses angles arrondis ne laissent aucun doute sur la nature de la voiture. C'est une véritable 911 spéciale qui peut aussi vous offrir tout le confort d'un salon de luxe.

La beauté et les performances des 993 Turbo les ont déjà fait entrer dans l'histoire. Après vingt années de développement, la 911 s'est transformée en une des « supercars » du marché les mieux adaptées aux désirs de la clientèle. Que vous aspiriez aux lignes droites d'un circuit ou aux courbes d'une route de campagne, la 911 saura vous satisfaire.

Certains prétendent que le lancement en 1997 de la 911 refroidie par eau a détruit l'esprit de la série. Si c'est le cas, on peut affirmer qu'il n'y avait pas de meilleure voiture que la 993 Turbo pour conclure la saga des 911 refroidies par air.

1997 Porsche 911 GT1

Moteur
Type : six cylindres à plat refroidis par eau
Disposition : central arrière
Cylindrée : 3 164 cm³
Alésage x course : 95 x 74,4 mm
Taux de compression : 9,5 : 1
Distribution : deux arbres à cames en tête par rangée de cylindre, quatre soupapes par cylindre
Alimentation : injection électronique Bosch Motronic + deux turbo KKK
Puissance : 544 ch à 7200 tr/mn
Couple : 61,2 mkg à 5500 tr/mn

Châssis
Suspension avant : doubles triangles superposés, combinés ressorts/amortisseurs et barre antiroulis
Suspension arrière : doubles triangles superposés, poussoirs et basculeurs, combinés ressorts/amortisseurs et barre antiroulis
Direction : à crémaillère, assistée
Freins avant : disques ventilés
Freins arrière : disques ventilés
ABS : oui
Jantes : 11J x 18 à l'avant et 13J x 18 à l'arrière, en alliage
Pneumatiques : 295/35 ZR 18 à l'avant et 335/30 ZR 18 à l'arrière

Transmission
Type : aux roues arrière
Boîte : mécanique manuelle à six rapports

Divers
Empattement : 2500 mm
Longueur : 4710 mm
Largeur : 1 950 mm
Poids à vide : 1 250 kg

Performances
Vitesse maximale : 310 km/h
0 à 100 km/h : 3,7 s

LA 911 GT1

Dès 1997, il est devenu évident que, pour avoir une nouvelle chance de l'emporter aux Vingt-Quatre Heures du Mans ou dans d'autres courses, il n'est plus possible de tabler sur un perfectionnement, même très poussé, de la 911. Afin d'affronter les McLaren F1 et les Mercedes CLK-GTR, Porsche doit concevoir une voiture dans un unique objectif : l'emporter. Avec une santé financière insolente et des ventes en constante augmentation, la marque n'a pas vraiment besoin d'encouragements ou de justifications pour se lancer dans la conception du modèle qui doit remplacer la 959.

Dès l'origine, la 911 GT1 est conçue comme une pure voiture de course. Son six cylindres à plat est retourné à 180° et installé en position centrale arrière de façon à assurer une distribution optimale des masses. Fait révélateur, la mécanique de la GT1 est dérivée du moteur refroidi par eau qui, en dépit de spécifications propres à la compétition, est appelé à équiper la nouvelle génération de 911 lancée dans sa foulée. Sa cylindrée est portée à 3 164 cm³. Il emprunte l'alésage et la course des 962 de compétition (95 mm x 74,4 mm), ainsi que plusieurs composants du bloc-moteur. Les culasses refroidies par eau sont celles de la 959, mais elles adoptent ici quatre soupapes par cylindre et un double arbre à cames.

L'admission bénéficie d'un double turbocompresseur KKK K27, identique à celui de la GT2 mais avec un contrôle de la soupape de décharge par un système d'alimentation électronique Bosch 5.2. Dans la version « Le Mans », la puissance atteint le chiffre impressionnant de 544 ch à 7 000 tr/min pour un couple de 61,2 mkg à 5 500 tr/min. Le tout est transmis par une boîte six vitesses entièrement synchronisée, équipée d'un différentiel à glissement limité.

Les freins sont aussi remarquables, avec leurs disques de 380 mm, dotés d'étriers à huit pistons à l'avant et à quatre pistons à l'arrière.

Ci-contre *Porsche GT1 engagée dans les Vingt-Quatre Heures du Mans 1996 où elle décroche la deuxième et la troisième place.*

L'ensemble est contrôlé par un dispositif antiblocage Bosch. La voiture est équipée de roues à jantes BBS en magnésium démontables en trois-pièces de 11J x 18 pouces à l'avant et de 13J x 18 pouces à l'arrière, chaussées respectivement des pneumatiques 295/35 ZR 18 et 335/30 ZR 18. Attachée sur un châssis tubulaire, la suspension comprend un système de doubles triangles superposés avec des combinés ressorts/amortisseurs montés en position horizontale. Les barres stabilisatrices avant et arrière sont réglables.

Extérieurement, Porsche opte pour une voiture plus longue de façon à donner à la GT1 l'allure d'une Porsche. Sa silhouette est de toute évidence celle d'une 911, avec une carrosserie en tôle d'acier rigidifiée par l'arceau de sécurité intégré et des protections latérales. Des panneaux en fibres de carbone forment le nez de la voiture avec le becquet avant, et l'arrière du véhicule, ailes comprises. La version de course est en outre équipée de verres plus fins pour les vitres et privée de protection en PVC pour le dessous de carrosserie.

Comme on peut s'y attendre avec une voiture de sport, l'intérieur de la GT1 est des plus fonctionnels. Les deux sièges baquets posés à même le plancher sont tendus de cuir, mais le harnais ne laisse aucun doute quant au véritable caractère de cette voiture destinée aux circuits. Une rangée d'instruments fait face au pilote avec – comme toujours pour une Porsche – le compte-tours en position centrale. S'y ajoutent un compteur de vitesses, un indicateur de pression d'huile, puis, de part et d'autre, la jauge d'essence et l'indicateur de température d'huile. Une soufflerie orientable et réglable assure le chauffage, et la climatisation est proposée en option. Pour l'intérieur, on est libre de choisir sa couleur, à condition qu'il s'agisse de noir !

Contrairement aux spécifications des homologations précédentes, Porsche a été obligé de ne fabriquer qu'une seule version de série pour

Ci dessus et ci-dessous *Cette 911 GT1 est l'une des rares de la série à appartenir à un particulier. Plus chère qu'un appartement de grand standing, elle est réservée aux collectionneurs fortunés, que ne rebute pas son intérieur spartiate.*

satisfaire aux réglementations du Mans et de la FIA. Mais les « supercars » revenant à la mode, ceux qui ont 1 million d'euros à débourser peuvent toujours passer commande d'une 911 GT1 – cette Porsche par excellence – à l'usine de Stuttgart.

UNE PAIRE GAGNANTE : 993 GT2 ET 996 GT2

La 993 et la 996 GT2 ont beau partager la même dénomination, elles sont très différentes, aux yeux des amateurs de Porsche de course.

La première, développée à partir de la 993, est une voiture d'homologation spéciale conçue pour répondre aux spécifications de la nouvelle classe GT2. Ces voitures sont censées participer aux courses IMSA aux États-Unis, aux championnats de ligue ADAC en Allemagne et au championnat d'endurance BPR qui regroupe des classiques comme les Vingt-Quatre Heures du Mans ou les Vingt-Quatre Heures de Daytona. Jusqu'alors, les Porsche 911 3,8 litres RS et RSR, taillées pour la course, avaient engrangé des succès partout où elles étaient en lice. Mais avec la GT2, Porsche franchit une nouvelle étape dans la mise au point d'un pur-sang tout entier orienté vers la performance.

Le lancement de la 993 à double turbo et quatre roues motrices ayant été un succès, Porsche va s'en servir comme point de départ pour sa nouvelle sportive. L'utilisation du six cylindres à plat à double turbocompresseur n'a jamais fait de doute, mais alors que la version d'origine développe déjà 408 ch pour un couple de 55 mkg, la mécanique de la GT2 fait l'objet de légers ajustements qui portent sa puissance à 430 ch pour 5 750 tr/min. Mais ce n'est pas là le seul changement. La GT2 est dépourvue du système sophistiqué de transmission de la 911 Turbo. Porsche opte cette fois pour la propulsion, avec pour tout système de contrôle la volonté et le savoir-faire du pilote, qui joue du pied droit pour maîtriser les éléments.

Des élargisseurs d'aile, fixés par des rivets, cachent un châssis adapté aux performances de la voiture. Un abaissement de l'assiette, des ressorts et des amortisseurs plus fermes, des *silent-blocs* renforcés équipent ce châssis aux performances supérieures à tous ses prédécesseurs. Les freins n'ont pas été oubliés, avec leurs disques ventilés et perforés de 322 mm, dotés à l'avant comme à l'arrière d'étriers à quatre pistons. Ces pièces impressionnantes sont dissimulées derrière des jantes en alliage démontables en trois parties Speedline de 9J x 18 pouces à l'avant et 11J x 18 pouces à l'arrière, équipées respectivement de pneus 235/40 ZR 18 et 285/35 ZR 18.

Pour loger ces impressionnantes roues en alliage, Porsche a eu recours au montage d'élargisseurs d'aile amovibles, augmentant la largeur du véhicule de 60 mm. La GT2 aligne de plus un ensemble très complet d'éléments aérodynamiques. À l'avant, outre deux prises d'air pour refroidir les freins, elle est équipée d'une paire de becquets dessinés pour plaquer la voiture au sol. Les bas de caisse latéraux sont empruntés à la 911 Turbo, mais les ailes arrière sont celles d'une voiture de circuit. Surmontant deux énormes écopes d'air pour le moteur, l'aileron arrière présente deux niveaux avec une lame orientable afin de pouvoir modifier, au gré des désirs du pilote, l'incidence de l'air sur le comportement de la voiture.

À l'intérieur, la GT2 reprend l'aménagement de la GT1. Réduit au strict minimum, il est loin de correspondre à celui d'une « supercar » de 200 000 dollars : ni sellerie en cuir, ni climatisation, juste une paire de sièges baquets avec des arceaux et des harnais de sécurité.

La 993 GT2 ne tarde pas à se faire une place dans le cœur des enthousiastes de Porsche et des 911. Au regard de ses performances phénoménales (295 km/h, 0 à 100 km/h en 4,4 s), les autres Turbo apparaissent presque léthargiques. La voiture procure l'expérience

Ci-dessus et ci-dessous *Cette Porsche 996 GT2 de 2001 est encore plus large que la Turbo mais semble moins trapue, en dépit de son important becquet arrière et de ses prises d'air avant surbaissées.*

Page ci-contre *On reconnaît au premier coup d'œil la 911 GT1 de 1997, avec ses lignes profilées et ses roues d'une largeur impressionnante.*

1995 Porsche 911 (993) GT2

Moteur
Type : six cylindres à plat refroidis par air
Disposition : en porte à faux arrière
Cylindrée : 3 600 cm^3
Alésage x course : 100 x 76,4 mm
Taux de compression : 8,1 : 1
Distribution : un arbre à cames en tête par rangée de cylindre, deux soupapes par cylindre
Alimentation : injection électronique Bosch Motronic + deux turbo KKK
Puissance : 430 ch à 5 750 tr/mn
Couple : 54,6 mkg à 4 500 tr/mn

Châssis
Suspension avant : McPherson avec bras inférieurs de guidage et barre antiroulis
Suspension arrière : multibras, combinés ressorts/amortisseurs et barre antiroulis
Direction : à crémaillère, assistée
Freins avant : disques ventilés
Freins arrière : disques ventilés
ABS : oui
Jantes : 9J x 18 à l'avant et 11J x 18 à l'arrière, en alliage
Pneumatiques : 235/40 ZR 18 à l'avant et 285/35 ZR 18 à l'arrière

Transmission
Type : aux roues arrière
Boîte : mécanique manuelle à six rapports

Divers
Empattement : 2 270 mm
Longueur : 4 245 mm
Largeur : 1 795 mm
Poids à vide : 1 290 kg

Performances
Vitesse maximale : 295 km/h
0 à 100 km/h : 4,4 s

Ci-dessus *Ces nouveaux freins en céramique composite équipent la GT2.*

de conduite d'une authentique sportive, une qualité qui s'ajoute aux arguments pour la faire entrer dans les annales de Porsche, comme l'une des meilleures routières de course jamais sorties des ateliers de Stuttgart, une GT d'anthologie.

Si les 996 GT2 actuelles présentent pour l'essentiel les mêmes caractéristiques, elles intègrent néanmoins des modifications significatives. Alors que la 993 GT2 était conçue comme une voiture de compétition, les nouvelles 996 sont d'abord des routières, avec, il est vrai, beaucoup d'attributs hérités de leur aînée. La GT2 de série emprunte des éléments à la 911 à quatre roues motrices et double turbocompresseur, mais en dépassant les cadres établis. Les quatre roues motrices sont abandonnées et le moteur bénéficie à nouveau de divers aménagements.

Les changements se concentrent sur l'admission d'air, l'augmentation de la pression de suralimentation et la nouvelle programmation du système de gestion électronique du moteur. Celui-ci enregistre un gain de 10 %, en termes tant de puissance que de couple avec respectivement 462 ch à 5 700 tr/min et 63,2 mkg à 3 500 tr/min. Grâce à son rapport poids/puissance remarquable (320 ch par tonne), la GT2 peut passer de 0 à 100 km/h en 4,1 s et atteindre 313 km/h. Outre sa garde au sol abaissée de 20 mm par rapport à la Turbo, elle dispose encore de ressorts et d'amortisseurs réglables et de barres stabilisatrices ajustables sur cinq points à l'avant et quatre à l'arrière. La hauteur de caisse ainsi que tous les réglages des trains roulants (châsse, carrosserie, pinçage...) sont facilement accessibles.

Pour maîtriser cette puissante mécanique, la voiture est dotée de freins en céramique composite avec des disques ventilés et perforés de 350 mm. Ils pèsent deux fois moins que les modèles antérieurs en acier. Les plaquettes sont également en céramique et tous les disques sont dotés d'étriers à six pistons à l'arrière et quatre à l'avant. Pour finir, la 996 GT2 présente des roues à jantes en alliage de 8J x 18 pouces à l'avant et 12J x 18 pouces à l'arrière, équipées respectivement de pneumatiques 235/40 ZR 18 et 315/30 ZR 18.

Cette voiture pousse au maximum l'évolution de la carrosserie du Turbo 911. Les appendices aérodynamiques ont été redessinés après des essais poussés en soufflerie, qui ont conduit à toute une série de changements. Ainsi, elle est dotée d'un becquet avant plus bas pour diminuer la circulation d'air sous la voiture, empêchant le nez de la voiture de se soulever tout en augmentant l'adhérence et la stabilité à grande vitesse. L'arrière présente deux reliefs aérodynamiques : un petit becquet situé sur le capot moteur et un aileron ajustable selon cinq positions. D'un point de vue fonctionnel, la carrosserie comprend aussi d'autres améliorations substantielles. À chaque extrémité du pare-chocs avant, deux prises d'air permettent d'orienter l'air sur les freins alors qu'une prise centrale, plus importante, alimente le radiateur monté à l'avant. L'air est ensuite expulsé par le haut, ce qui réduit les phénomènes de portance à grande vitesse.

L'aménagement intérieur de la GT2 est toujours celui d'une voiture de course. De superbes sièges baquets Recaro vous maintiennent bien calés, tandis que les arceaux de sécurité protègent la tête. Mais pour saluer dignement l'entrée dans un nouveau siècle, Porsche a dérogé au principe d'économie pour ajouter le verrouillage centralisé des portes, des vitres électriques, la climatisation et une radio avec lecteur CD, de quoi changer l'allure d'une sportive...

Ci-dessus et ci-contre *La GT2 de 1996 avec son intérieur équipé de tout le confort électrique et le compartiment moteur avec le puissant six cylindres à plat.*

Mais les changements vont bien au-delà. Tous ceux qui ont les moyens de s'asseoir dans une telle voiture pourront témoigner du fait que la 996 GT2 procure des sensations sans équivalent. L'accélération du six cylindres à plat est époustouflante. La voiture passe en un éclair de 160 à 240 km/h, et tout ça n'est rien en comparaison de la vitesse à laquelle elle peut s'arrêter.

La 996 GT2 a été critiquée par certains pour sa conduite trop peu exigeante. Il lui manquerait un petit quelque chose pour en faire une 911 à l'égal de la 2,7 RS ou de la 993 GT2. Mais quelle que soit l'opinion des puristes, il ne fait aucun doute qu'elle reste une sacrée voiture et une Porsche authentique.

chapitre 8

PORSCHE aujourd'hui

S GO 340

Pour un fabricant indépendant de voitures de sport, le marché automobile devient de plus en plus incertain. Ferrari appartient à Fiat et il en va de même pour Maserati. Ford a des participations dans Aston Martin et Jaguar, alors que Volkswagen contrôle Lamborghini et Bugatti. Ces entreprises qui ont toujours eu à se battre pour survivre semblent toutefois en situation favorable. Lamborghini a lancé sa Murcielago et dévoilé sa Gallardo, Bugatti devrait parvenir à produire sa Veyron de 1001 ch, vendue un million d'euros, l'Aston Martin Vanquish rencontre le succès près du public et Ferrari continue à produire de superbes sportives et à décrocher des victoires en F1. Ces joyaux de l'industrie automobile procurent cette part de rêve qui rejaillit sur la production plus ordinaire de leurs sociétés mères. Mais après une décennie de croissance, la menace d'un renversement de tendance se précise. Le secteur des voitures de sport enregistre une chute des commandes et les résultats de ces grands noms de l'automobile pourraient bien virer au rouge. Des géants comme Ford ou VW verseront-ils une larme s'ils se voient contraints de se débarrasser d'un « dinosaure » qui ne fait plus de profit ? Difficile de répondre. Mais nombreux sont ceux qui voient dans l'image véhiculée par les voitures de sport une compensation suffisante à d'éventuelles pertes financières.

Confronté à des concurrents de plus en plus puissants, Porsche a eu à faire face à une compétition féroce pour conserver ses parts de marché. Mais ces dernières années, les comptes de la marque ont toujours été positifs. En 2001, les bénéfices avant impôts ont augmenté de 11,9 %, classant Porsche au premier rang de toutes les marques automobiles en termes de rentabilité. Le résultat est d'autant plus impressionnant qu'il a fallu consentir d'importants efforts financiers pour développer le nouveau 4 x 4 Cayenne. Cette même année, la production de l'usine de Zuffenhausen a battu des records prouvant qu'elle améliorait encore ses rendements. Aujourd'hui, la mise en service de la nouvelle unité ultramoderne des environs de Leipzig permet à la marque de donner toute sa mesure.

Le tout nouveau 4 x 4 Cayenne est sur les rails et l'exceptionnelle Carrera GT vient d'être présentée. Avec le rajeunissement de la gamme des 911 et l'annonce d'une nouvelle mouture du Boxster pour les années à venir, le futur de Porsche a l'air radieux. En termes d'efficacité, de rendement et de bénéfices, la croissance a été constante, sans jamais compromettre l'identité de la gamme.

Page précédente *Beauté, performance et fonctionnalité, la 911 4S de 2002 montre que la formule mise au point par Porsche continue à opérer au XXIe siècle.*

Ci-dessous *Le prototype du Boxster, présenté en 1993, avec ses lignes élancées et son intérieur étonnant, attire d'emblée les regards. Conçue par deux designers maison, sa carrosserie reçoit un accueil enthousiaste.*

Ci-contre *Boxster de série 2,5 litres 1997. La nécessaire limitation des coûts a abouti à un modèle moins séduisant que le prototype. Le Boxster se vend néanmoins très bien, surtout dans la nouvelle version de 2,7 litres, lancée en 1999.*

LE BOXSTER

Quand le prototype du Boxster est présenté au Salon de Detroit en 1993, le public en reste bouche bée. Les lignes exceptionnelles, dues aux jeunes designers maison, Grant Larson et Stefan Stark, évoquent tout à la fois le Spyder 550 de James Dean et l'atmosphère de la fin des années 1950. Comme l'extérieur, l'intérieur mêle passé, présent et futur avec ses instruments rétro-éclairés, sa commande de boîte bien visible et ses sièges faits sur mesure. Le nom lui-même est la contraction de deux termes généralement associés à Porsche : « boxer », qui qualifie le moteur à cylindres opposés à plat, et « Speedster », nom porté pour la première fois par une 356.

Quand la production démarre en 1996, le modèle de série ne restitue pas exactement l'alchimie entre détails rétros et technologie de pointe promise par le prototype. Pour concurrencer BMW et Mercedes, qui ont en partie copié la nouvelle ligne, il a fallu réduire les coûts de fabrication. Des problèmes d'ordre pratique se sont également posés. On a renoncé aux portes courbes qui gênaient l'accessibilité au véhicule. La prise d'air avant surbaissée, qui n'assurait pas un refroidissement efficace du moteur, a été remplacée par une autre, à la fois plus grande et plus haute. Il a même fallu élargir les ailes avant pour y loger dans chacune d'elles un radiateur. Le modèle final est donc un peu plus ramassé avec des porte-à-faux agrandis. L'équilibre parfait entre la proue et la poupe du *concept-car* est rompu. Le résultat ? Une voiture qui semble hésiter entre son avant et son arrière. L'intérieur est lui aussi plus conventionnel. Il s'agit peut-être d'éviter que le Boxster ne fasse trop d'ombre à la 911.

Porsche étant à nouveau prospère, on aurait tendance à sous-estimer l'enjeu économique que représente pour lui le Boxster. Les incursions de BMW et de Mercedes sur le marché des décapotables de sport interviennent

1997 Porsche Boxster (2.5)

Moteur

Type : six cylindres à plat refroidis par eau
Disposition : central arrière
Cylindrée : 2480 cm^3
Alésage x course : 85,5 x 72 mm
Taux de compression : 11 : 1
Distribution : deux arbres à cames en tête par rangée de cylindre, quatre soupapes par cylindre
Alimentation : injection électronique Bosch Motronic
Puissance : 204 ch à 6000 tr/mn
Couple : 25 mkg à 4500 tr/mn

Châssis

Suspension avant : McPherson avec bras inférieurs de guidage et barre antiroulis
Suspension arrière : McPherson avec bras inférieurs de guidage, biellettes supplémentaires et barre antiroulis
Direction : à crémaillère, assistée
Freins avant : disques ventilés
Freins arrière : disques ventilés
ABS : oui
Jantes : 6J x 16 à l'avant et 7J x 16 à l'arrière, en alliage
Pneumatiques : 205/55 ZR 16 à l'avant et 225/50 ZR 16 à l'arrière

Transmission

Type : aux roues arrière
Boîte : mécanique manuelle à cinq rapports

Divers

Empattement : 2415 mm
Longueur : 4315 mm
Largeur : 1780 mm
Poids à vide : 1250 kg

Performances

Vitesse maximale : 240 km/h
0 à 100 km/h : 6,9 s

au moment où les Japonais se sont presque retirés. Pour les pures sportives, une nouvelle niche commerciale vient de s'ouvrir : celle des sportives abordables badgées d'un écusson prestigieux. Si Porsche veut sortir du marasme qui frappe sa gamme monoculturelle, il lui faut participer au butin. Une nouvelle clientèle attend la marque sur ce terrain : des gens qui ont grandi en admirant la 911, mais pour qui elle reste hors de portée. Le Boxster se doit d'être plus accessible, tout en conservant les caractéristiques maison. L'histoire a en effet démontré qu'une « Porsche du pauvre » n'a aucune chance de s'imposer. Il ne fait aucun doute que le Boxster a été d'abord conçu pour être remarqué. Fin et bien proportionné, cet héritier d'une longue lignée est à la fois moderne et sans âge. S'il faut une preuve de sa réussite, on remarquera simplement que Porsche a peu modifié le modèle depuis sa sortie. La marque est parvenue à donner dans le mille dès le départ.

Porsche réalise très vite que sa clientèle va lui demander plus que ce modèle d'entrée de gamme. Une version sport est bientôt mise sur le marché avec des roues de 17 pouces et une suspension plus ferme. Un hardtop fait aussi son apparition. Plus pratique, la voiture ressemble un peu à une 911.

L'année 1999 marque une évolution décisive pour le modèle. Le 2,5 litres standard cède la place à un 2,7 litres de 220 ch avec un couple augmenté de 1,6 mkg. Le châssis encaisse sans problème ce gain de puissance. En usage quotidien, la version 2,7 litres se montre sensiblement plus

rapide que sa devancière, bien plus en tout cas que ne le laisse présager le modeste gain de quatre dixièmes pour passer de 0 à 100 km/h. Mais 1999 marque aussi l'arrivée saluée du Boxster S. La différence avec le Boxster 2,7 litres se limite aux roues de 17 pouces, aux étriers de freins rouges, à une double sortie d'échappement, et à quelques aménagements au niveau de la carrosserie. Il est vrai qu'avec son moteur 3,2 litres et ses 246 ch, il ne s'agit pas seulement du meilleur des Boxster mais aussi d'une des sportives les plus accomplies du moment.

Réponse parfaite à la récession des années 1990, le Boxster a ouvert à Porsche un tout nouveau marché, mais sans sacrifier la qualité technique ni la conduite dynamique qui font la réputation de la marque. C'est la première sportive entièrement neuve produite par Porsche depuis près de vingt-trois ans. Pour amener de nouveaux clients à Porsche, le Boxster a dû d'emblée faire mieux que la BMW Z3 et la Mercedes SLK, et il faut admettre que le succès a été complet. Ses étonnants phares avant en virgule sont devenus une caractéristique des nouveaux modèles, Cayenne compris. Tout comme les 911, le Boxster est équipé d'un moteur refroidi par eau. Les enthousiastes du sport automobile ne tarissent pas de louanges sur son équilibre, sa conduite irréprochable et son fabuleux moteur. Quant aux autres qualités propres aux Porsche, elles restent inattaquables. Bien peu de sportives peuvent prétendre offrir une telle expérience de conduite à leur propriétaire.

Ci-dessus *Structure et mécanique du Boxster : on distingue bien le moteur en position basse, au centre de la voiture.*

Page ci-contre *Vue en coupe du Boxster de 2,5 litres.*

Porsche a poursuivi le perfectionnement du Boxster afin de le rendre encore plus attractif. À la fin de 2002, pour répondre aux critiques sur son allure un peu terne, l'aménagement intérieur a bénéficié d'un nouvel habillage et de commandes plus haut de gamme. Quant au Boxster S, passé depuis peu à 260 ch, des rumeurs persistantes font état d'une possibilité d'adoption du moteur 3,4 litres monté sur les premières 996. Doté de la sorte, il ferait du « S » un concurrent encore plus redoutable, capable d'affronter le défunt Roadster BMW Z3 M et la nouvelle Audi TT à moteur V6. Porsche doit beaucoup au succès du Boxster, mais celui-ci n'aurait sans doute pas eu lieu si les ingénieurs de Stuttgart n'avaient pas mis tout leur talent à produire cette prodigieuse machine.

GROS PLAN SUR LE BOXSTER S

Lancé en 1999, le Boxster S répond aux critiques de ceux qui mettent en doute la capacité du châssis du Boxster à supporter plus de puissance. C'est ainsi que, d'emblée, le « S » est équipé d'un six cylindres à plat refroidi par air de 3,2 litres, développant 252 ch. En 2002, le modèle gagne à nouveau 8 ch. Un regain de puissance qui amène l'accélération de 0 à 100 km/h en dessous des 6 s, avec une vitesse maximale atteignant les 260 km/h. Le « S » peut être interprétée ici comme la première lettre de l'adjectif « supérieur », ambition affichée pour ce modèle à la fois plus rapide, plus puissant et plus sûr que le Boxster standard.

S'il est impossible de confondre une 911 de série et une Carrera GT2, au premier regard, la distinction entre le Boxster standard et le Boxster S est plus délicate. Le « S » est équipé de roues en alliage de 17 pouces avec un design particulier. De plus près, on distingue les étriers de freins peints en rouge. Les disques ne sont pas identiques à ceux du Boxster.

Ci-dessous et page ci-contre *Le Boxster S de 1999 surclasse le modèle d'origine. Extérieurement, peu de détails le différencient de son petit frère. À l'intérieur, quelques aménagements font toutefois la différence : cerclage façon aluminium des compteurs et écran multifonction disponible en option.*

L'adoption de jantes d'un diamètre supérieur a permis le montage d'éléments de 318 mm provenant d'une Carrera 996, mais ici perforés, pour plus d'efficacité. Tout comme ces derniers, les disques arrière de 299 mm sont équipés d'étriers à quatre pistons. Ils assurent à la voiture une exceptionnelle force de décélération et sont plus que suffisants pour répondre au surcroît de puissance affiché par le Boxster S. Ils sont en outre dotés d'un nouveau système de refroidissement qui, selon Porsche, « améliore l'endurance des freins même dans des conditions extrêmes ». Pour ceux qui seraient tentés par de telles expériences, la marque a de plus ajouté un ensemble d'équipements de sécurité. Le S de série est équipé d'un système de protection contre les chocs latéraux (POSIP), et un système de contrôle de trajectoire (PSM) reste proposé en option. Conscient des convoitises que suscite le modèle, Porsche l'a aussi doté d'un système d'alarme et de surveillance intérieure. Mieux vaut ne pas s'approcher d'un Boxster qui n'est pas le vôtre !

Et si vous n'êtes toujours pas certain d'avoir affaire à un « S », il ne vous reste plus qu'à observer le nom du modèle sur les seuils de portes. Vous remarquerez aussi la prise d'air avant peinte en couleur titane. Mais le plus évident est encore la double sortie d'échappement centrale et le logo apposé sur le capot arrière. Enfin, si vous êtes observateur et avez la chance de vous asseoir au volant, vous remarquerez le fond gris métallisé de ses compteurs et leur cerclage en aluminium, des détails qui font partie du nouvel habillage intérieur. Vous noterez aussi la sixième vitesse ajoutée par Porsche pour tirer un meilleur profit de la mécanique en toutes circonstances. Mais le mieux est encore de démarrer. Il suffit d'oser !

1999 Porsche Boxster S

Moteur

Type : six cylindres à plat refroidis par eau
Disposition : central arrière
Cylindrée : 3 179 cm^3
Alésage x course : 93 x 78 mm
Taux de compression : 11 : 1
Distribution : deux arbres à cames en tête par rangée de cylindre, quatre soupapes par cylindre
Alimentation : injection électronique Bosch Motronic
Puissance : 252 ch à 6 250 tr/mn
Couple : 31,1 mkg à 4 500 tr/mn

Châssis

Suspension avant : McPherson avec bras inférieurs de guidage et barre antiroulis
Suspension arrière : McPherson avec bras inférieurs de guidage, biellettes supplémentaires et barre antiroulis
Direction : à crémaillère, assistée
Freins avant : disques ventilés
Freins arrière : disques ventilés
ABS : oui
Jantes : 7J x 17 à l'avant et 8,5J x 17 à l'arrière, en alliage
Pneumatiques : 205/50 ZR 17 à l'avant et 255/40 ZR 17 à l'arrière

Transmission

Type : aux roues arrière
Boîte : mécanique manuelle à six rapports

Divers

Empattement : 2 415 mm
Longueur : 4 315 mm
Largeur : 1 780 mm
Poids à vide : 1 295 kg

Performances

Vitesse maximale : 260 km/h
0 à 100 km/h : 5,9 s

Ci-dessus *Dernière-née des 911, la 996 présente de nouvelles lignes aérodynamiques et un moteur 3,4 litres refroidi par eau qui se révélera particulièrement performant, malgré la méfiance initiale des aficionados de la marque.*

Ci-dessous *Le moteur refroidi par eau de la 996, avec son système Motronic EMS et ses pots catalytiques.*

LA 996

En 1997, Porsche provoque un choc chez les puristes de la 911 en lançant la 996, nouvelle incarnation de son grand classique. La marque franchit là son étape la plus importante depuis le lancement de la 911 elle-même. Conséquence inévitable avec une voiture faisant l'objet d'un tel culte, certains se montrent insatisfaits du nouveau modèle phare de Porsche, mais le temps va leur donner tort. Pour que la 911 demeure compétitive, il faut la doter d'un équipement qui lui permette d'entrer dans le XXIe siècle, enjeu qui suppose d'importants changements. À l'insu de beaucoup d'observateurs, le Boxster a été plus qu'un nouveau modèle. Il a servi de banc d'essai à de nouvelles idées et à des technologies qui vont donner toute leur mesure dans la nouvelle 911.

Plusieurs caractéristiques de la 911 vont faire l'objet d'améliorations. La compétition ne s'arrête jamais et Porsche doit suivre le mouvement pour conserver vivante la légende de la 911. C'est d'abord le six-cylindres à plat refroidi par air qui, sans changer de nature, va bénéficier d'une révision. Certains moteurs sont étroitement liés à la voiture qu'ils équipent, comme le V8 de la Ford Mustang, le six cylindres en ligne de la BMW M3 et le V12 de la Lamborghini Diablo. Porsche reprend donc le moteur du Boxster, arguant de son faible encombrement et de son vilebrequin court facilitant les hauts régimes. Mais pour la première fois le moteur est refroidi par eau. Ses 3,4 litres développent 300 ch et un puissant couple moteur de 35,7 mkg. Si ce dernier ne peut reproduire le battement mécanique (et la sonorité si envoûtante) caractéristique du moteur de 993 refroidi par air, il gagne en revanche en stabilité thermique et en puissance. Difficile de nier le fait que Porsche dispose là du moteur au caractère le mieux trempé de sa catégorie. Avec le système de gestion électronique Motronic ME 7.2 couplé aux dernières évolutions techniques en matière de catalyseur, il est suffisamment propre pour répondre aux normes d'émission les plus sévères. Enfin, conformément à la tradition des 911, le moteur reste implanté à l'arrière.

Celui-ci étant rajeuni et mis en place, l'attention s'est portée sur la carrosserie. L'enjeu est de taille : il s'agit de conserver une silhouette propre à la 911 tout en améliorant l'aérodynamisme, le confort, la sécurité et la capacité du coffre. Mais à Porsche rien d'impossible ! La solution est vite trouvée. La 996 présente une silhouette élancée en forme de losange qui permet d'abaisser le Cx de 0,34 (pour les 993) à à peine 0,30 et cela malgré un avant plus massif. Certains critiquent les lignes de la voiture qui n'exhibe plus les hanches galbées de la 993. De fait, pour beaucoup, la 993 reste la référence. Mais Porsche sait qu'il lui faut à tout prix soigner l'aérodynamisme de sa 996, avec un élargissement de toute la carrosserie à la clef, ce qui rend automatiquement l'habitacle plus spacieux. De fait, il n'y a guère que les très grands à ne pas se sentir à leur aise dans le nouvel habitacle, où l'on peut jouer des coudes et régler automatiquement la position des sièges en cuir, tout en profitant de la climatisation et d'un ensemble de gadgets et de détails luxueux.

Ci-dessus *La 996 pendant une séance d'essais menée aux États-Unis.*

Ci-dessous *La Carrera 911 de 1997. Sa silhouette est moderne et marquée par l'histoire de Porsche.*

1997 Porsche 911 (996) Carrera

Moteur
Type : six cylindres à plat refroidis par eau
Disposition : en porte à faux arrière
Cylindrée : 3 387 cm^3
Alésage x course : 96 x 78 mm
Taux de compression : 11,3 : 1
Distribution : deux arbres à cames en tête par rangée de cylindre, quatre soupapes par cylindre
Alimentation : injection électronique Bosch Motronic
Puissance : 300 ch à 6 800 tr/mn
Couple : 35,7 mkg à 4 600 tr/mn

Châssis
Suspension avant : McPherson avec bras inférieurs de guidage et barre antiroulis
Suspension arrière : multibras, combinés ressorts/amortisseurs et barre antiroulis
Direction : à crémaillère, assistée
Freins avant : disques ventilés
Freins arrière : disques ventilés
ABS : oui
Jantes : 7J x 17 à l'avant et 9J x 17 à l'arrière, en alliage
Pneumatiques : 205/50 ZR 17 à l'avant et 255/40 ZR 17 à l'arrière

Transmission
Type : aux roues arrière
Boîte : mécanique manuelle à six rapports

Divers
Empattement : 2 350 mm
Longueur : 4 430 mm
Largeur : 1 765 mm
Poids à vide : 1 320 kg

Performances
Vitesse maximale : 280 km/h
0 à 100 km/h : 5,2 s

La capacité du coffre aussi est importante. Le modèle confirme ainsi la réputation de la 911 : une excellente voiture de grand tourisme et une supersportive adaptée au quotidien. Aux 130 litres du coffre avant s'ajoutent 200 litres derrière les passagers, sièges arrière rabattus.

La 996 a fière allure. Elle fend l'air comme jamais tout en offrant un confort amélioré. Mais sans de meilleures performances sur route, elle n'a aucune chance d'entrer dans la légende des 911. Elle a toutefois de l'énergie à revendre et, dès que vous engagez le levier de vitesse en première (boîte six rapports en manuel et cinq en option automatique à système Tiptronic), la voiture vous offre une expérience de conduite hors normes. La montée en puissance du 3,4 litres est d'une vigueur et d'une progressivité exceptionnelles, avec une bande son qui donne toute son ampleur à haut régime. Chaque passage de vitesse permet de rééditer l'expérience, et le moteur, parfaitement sous contrôle, reste d'une régularité inébranlable alors que la 996 affiche un comportement exemplaire sur toute la gamme des vitesses à trois chiffres.

L'implantation arrière du moteur reste perceptible pour le conducteur. À chaque virage, ce dernier a l'impression d'être au centre du mouvement, la voiture pivotant autour d'un axe vertical passant entre l'omoplate droite du chauffeur et l'omoplate gauche de son passager. À l'arrière, chaque roue est équipée d'une suspension à cinq bras. Il en résulte une légère tendance au sousvirage, permettant d'avertir le pilote quand les limites en termes d'adhérence sont atteintes. Des freins dotés d'étriers à quatre pistons, dérivés de techniques mises au point pour Le Mans, assurent une puissance de freinage d'une remarquable endurance, même après une utilisation intensive à grande vitesse. Enfin, le système de contrôle de trajectoire PSM améliore encore la sécurité.

Ci-dessus, ci-contre et page ci-contre
Avec ses lignes élancées, sa puissance accrue et ses étonnantes performances, la Carrera 4S de 2001, avec son look emprunté à la Turbo et ses performances ébouriffantes, marque l'entrée de la 996 dans le xxie siècle.

Mais les vrais fans de la 911 vont devoir patienter jusqu'en 1998 pour pouvoir disposer d'une 996 à leur mesure. Conçue comme il se doit pour la course, la GT3 fabriquée en série limitée, allégée, équipée d'un moteur de 360 ch et bardée d'un ensemble d'appendices aérodynamiques, va entrer d'emblée dans la légende. Passant de 0 à 100 km/h en 4,8 s, elle atteint une vitesse maximale de 300 km/h. Pilotée par le double champion du monde des rallyes Walter Röhrl, elle pulvérise de quatre secondes le record du tour du Nürburgring, alors de huit minutes. Cette incroyable performance n'est pas uniquement due à la puissance accrue du moteur. Les freins ont été équipés de disques de 330 mm, abrités derrière des jantes en alliage de 18 pouces. La garde au sol a été abaissée de 30 mm. Un avant et des bas de caisse latéraux plus agressifs, ainsi qu'un grand aileron arrière ne laissent planer aucun doute sur les performances du véhicule. Des barres stabilisatrices réglables, des ressorts plus fermes et des trains multiréglages permettent d'adapter rapidement la voiture aux exigences des circuits. Pour gagner du poids, les sièges arrière ont été supprimés, et les sièges avant allégés offrent un maintien parfait tant sur route que sur circuit. Enfin, un arceau de sécurité est livrable en option.

Ci-dessus *Une nouvelle voiture pour un nouveau millénaire. Avec son allure de sportive, sa garde au sol réduite et ses performances époustouflantes, la 911 de 2000 est une gagneuse.*

Ci-contre *C'est en 2000 que Porsche a lancé la version cabriolet de la 996. Équipée d'un toit électrique, elle offre toute une série d'équipements de luxe qui en font une des vedettes de la marque.*

Ci-dessous *La 911 Carrera Cabriolet de 2002.*

Avec la mort annoncée de la GT3, l'année 2000 promettait d'être triste pour les enthousiastes de la marque. Mais Porsche a réussi à faire diversion en lançant la 996 Biturbo à quatre roues motrices de 414 ch. Si le 3,6 litres est fondamentalement similaire à son prédécesseur refroidi par air, l'introduction du refroidissement par eau et du système VarioCam (permettant de faire varier la loi de levée des soupapes) permet d'obtenir un couple surpuissant de 57,1 mkg à seulement 2 700 tr/min. Grâce à sa traction intégrale permanente, la voiture dépasse les 100 km/h en à peine plus de 4 s pour atteindre les 305 km/h. Pourtant, la 996 Turbo ne peut plus être qualifiée d'« effrayante » tant sa conduite

S GO 123

est aisée. Elle fait preuve d'une puissance de feu en ligne droite sans pour autant sacrifier une once d'adhérence dans les virages, une des meilleures dans sa catégorie. Certains puristes prétendent qu'elle ne permet pas une conduite aussi pointue que la 993 Turbo, mais, quelles que soient les conditions, la 996 est et reste la meilleure des supersportives.

En 2001, la gamme des 996 a bénéficié de plusieurs améliorations. Les Carrera ont vu leur cylindrée passer à 3 596 cm³, avec une puissance grimpant à 320 ch. Toutes les 996 sont à présent dotées des phares avant mais aussi de l'ordinateur de bord de la Turbo. Certains puristes critiqueront l'ajout d'une boîte à gants et d'un porte-gobelet. Mais la marque a aussi fait quelques concessions à la vieille garde en équipant à nouveau les derniers modèles d'un moteur atmosphérique avec cette sonorité emplie de basses si caractéristique, réclamée par tant de nostalgiques.

Targa à toit vitré, Carrera 4S, mais aussi GT2 et modèles Turbo : la gamme des 911 est particulièrement étendue. Bénéficiant de l'enthousiasme intact du public, la 911 apparaît plus que jamais comme le pilier de la marque. Voilà quarante ans qu'elle nous accompagne et, avec la 996, l'aventure pourrait bien durer quarante années de plus.

Ci-dessus et page ci-contre *Lancée en 2002, la Carrera 4S à quatre roues motrices affiche des performances impressionnantes : 0 à 100 km/h en 5,1 s et vitesse maximale de 284 km/h.*

LE CAYENNE

À la fin de 2002, Porsche lance sa troisième ligne de produit avec le Cayenne. Décrit comme un modèle « tout-terrain », il permet à la marque de se lancer sur le marché lucratif des SUV. Porsche doit cependant faire face à la concurrence déjà bien établie de Lexus, Mercedes et BMW. Range Rover a lui aussi lancé son nouveau modèle, avec un intérieur entièrement neuf et des aptitudes en tout-terrain qui laissent la concurrence loin derrière. Porsche vise bien sûr un modèle plus sportif et dynamique. Mais le pari n'est pas gagné.

Leader de la catégorie, la BMW X5 est sans doute sa concurrente la plus sérieuse. Présente sur le marché depuis un certain temps déjà, elle connaît des adeptes dans le monde entier. Son impact a été tel qu'elle a, presque à elle seule, augmenté les débouchés de la marque sur le marché américain, les portant au niveau (et bientôt au-delà) du marché allemand. Louée pour son comportement routier remarquable, ses excellentes performances et son élégance, la X5 n'est pas seulement talentueuse, c'est aussi à l'évidence une BMW qui possède tout l'ADN de la marque dans ses entrailles.

On s'interroge alors sur les capacités du Cayenne à convaincre la clientèle. La voiture présente un avant de Porsche avec les phares caractéristiques de la 911, mais l'arrière constitue un nouveau défi pour les ingénieurs de Stuttgart. Jusqu'à présent, aucune Porsche n'a eu à intégrer cinq portes d'accès facile, ni à offrir l'espace nécessaire pour accueillir cinq adultes et leurs bagages. Le projet présenté au Salon de Genève 2002 reçoit un accueil mitigé. Il possède bien les attributs de la marque, mais il est difficile de dire s'il forme un tout cohérent. Plusieurs journalistes le surnomment « Porker » (petit cochon) car il est assez trapu, forme inhabituelle pour une Porsche. Pourtant, les carnets de commandes se remplissent avant même la sortie du modèle. Manifestement, les inconditionnels de la marque sont impatients de l'essayer.

2003 Porsche Cayenne Turbo « S »

Moteur

Type : huit cylindres en V à 90° refroidis par eau
Disposition : central avant
Cylindrée : 4511 cm³
Alésage x course : 93 x 83 mm
Taux de compression : 9,5 : 1
Distribution : deux arbres à cames en tête par rangée de cylindres, quatre soupapes par cylindre
Alimentation : injection électronique Bosch Motronic + deux turbo KKK
Puissance : 450 ch à 6000 tr/mn
Couple : 63,2 mkg entre 2250 et 4750 tr/mn

Châssis

Suspension avant : doubles triangles superposés, combinés pneumatiques et barre antiroulis
Suspension arrière : multibras, combinés pneumatiques, barre antiroulis
Direction : à crémaillère, assistée
Freins avant : disques ventilés
Freins arrière : disques ventilés
ABS : oui
Jantes : 9J x 19, en alliage
Pneumatiques : 275/45 ZR 19 à l'avant

Transmission

Type : 4 x 4 permanent
Boîte : automatique à six rapports

Divers

Empattement : 2855 mm
Longueur : 4786 mm
Largeur : 1928 mm
Poids à vide : 2355 kg

Performances

Vitesse maximale : 266 km/h
0 à 100 km/h : 5,6 s

Ci-contre *Une nouveauté 2002 : le Cayenne 4 x 4 Turbo. Les étonnantes performances de son V8 Turbo font mentir ses lignes trapues.*

Ci-dessous *Avec le Cayenne S, d'un caractère légèrement plus paisible, Porsche se positionne sur le marché des voitures familiales.*

Au même moment, BMW riposte en augmentant le niveau des performances grâce à sa X5 4.6is. Son V8, dont la puissance culmine à 347 ch, lui permet d'atteindre les 100 km/h en à peine 6,5 s, et de pointer à 240 km/h. De quoi inquiéter même un Boxster, et exiger du Cayenne d'excellentes performances pour rester dans la course. Il apparaît très vite que Porsche ne sera pas facile à mettre hors jeu. Déjà la rumeur affirme que, sur le circuit du Nürburgring, le V8 Turbo du Cayenne a établi de meilleurs chronos que ceux du Boxster S !

Pour équiper le Cayenne, les ingénieurs optent en définitive pour un V8 32 soupapes de 4,5 litres. La version S est censée produire 340 ch tandis que la version Turbo a une puissance annoncée de 450 ch. Les nouvelles prises d'air avant, les renflements du capot et les quatre pots d'échappement distinguent la Turbo de son aînée.

En définitive, les performances annoncées du V8 Porsche combinent une accélération de 0 à 100 km/h en 7,2 s à une vitesse maximale de 242 km/h. Quant au turbo, son accélération passe à 5,6 s pour atteindre 266 km/h en vitesse maximale, des performances exceptionnelles qui font plus songer à une 911 qu'à un tout-terrain de plus de 2 tonnes !

Conçu à Stuttgart, le Cayenne est fabriqué dans l'usine de Leipzig. Il est équipé d'une transmission entièrement nouvelle automatique Tiptronic à six rapports, offrant deux types de rapports (court et long) et comprenant un différentiel central capable de faire varier à tout moment la répartition du couple entre l'avant et l'arrière de la voiture. Les différentiels avant et arrière peuvent être verrouillés sur terrain difficile. Un contrôle de trajectoire PSM fait aussi partie de l'équipement standard. La suspension à hauteur réglable utilise des ressorts pneumatiques développés en collaboration avec VW (en option sur Cayenne S, en série sur Turbo). Le freinage est assuré par la combinaison d'énormes disques mordus par de respectables étriers à six pistons.

Porsche tient manifestement à ce que son troisième modèle soit pris au sérieux. Une intense campagne de publicité a précédé son lancement. Sur fond de paysage

Ci-dessus *L'avant du Cayenne Turbo a été souvent critiqué par rapport à celui de ses concurrents moins prestigieux, mais l'avenir du modèle semble toutefois prometteur.*

désertique, on aperçoit une 959 filant vers la victoire au Paris-Dakar 1985. « Seule une Porsche peut revendiquer une telle paternité », affirme le slogan. Pourtant, la réussite de la 959 fut loin d'être totale. Sa victoire tardive au Paris-Dakar et son coût de fabrication deux fois supérieur au prix de vente se soldèrent par la fin de l'expérience de Porsche dans le groupe B.

Quoi qu'il en soit, la volonté de la marque de faire du Cayenne un succès est évidente. En général, seuls les modèles respectant les traditions maison ont vraiment réussi à percer. Les bons résultats du Boxster montrent toutefois que la règle connaît des exceptions. Aujourd'hui, les acheteurs recherchent des modèles originaux pour se distinguer de la mêlée. Les produits vers lesquels ils se tournent reflètent ce souci et, avec le seul prestige de son nom, Porsche dispose d'un véritable atout. Qui plus est, aucune Porsche n'a jamais été mieux adaptée aux besoins des pères de famille aisés. De fait, en dépit de configurations de type 2+2, les Porsche n'ont jamais offert de places arrière dignes de ce nom, sans parler de l'espace réservé aux bagages. Le Cayenne s'attaque donc à un nouveau marché potentiellement très important. Et les auspices sont bons. Les réactions de la clientèle sont positives avec des objectifs annoncés de 25 000 unités par an, soit une augmentation annuelle du volume des ventes de 50 %.

LA CARRERA GT

En 2000, au Salon de Paris, Porsche fait sensation avec son tout nouveau prototype de supersportive : la Carrera GT. Cette exceptionnelle décapotable deux places au look de bolide de course est présentée alors équipée d'un V10 de 5,5 litres en position centrale avec une puissance annoncée de 558 ch et un couple moteur de 61,2 mkg. À l'époque, rares sont ceux qui parient sur la production d'un modèle aussi excessif. Mais le marché des « supercars » est en pleine expansion et Porsche a besoin d'un nouvel « über model »

2003 Porsche Carrera GT

Moteur

Type : dix cylindres en V à 68° refroidis par eau
Disposition : central arrière
Cylindrée : 5 733 cm^3
Alésage x course : 98 x 76 mm
Taux de compression : 12 : 1
Distribution : deux arbres à cames en tête par rangée de cylindre, quatre soupapes par cylindre
Alimentation : injection électronique Bosch Motronic
Puissance : 612 ch à 8 000 tr/mn
Couple : 60,1 mkg à 5 750 tr/mn

Châssis

Suspension avant : doubles triangles superposés, combinés ressorts/amortisseurs et barre antiroulis
Suspension arrière : doubles triangles superposés, combinés ressorts/amortisseurs et barre antiroulis
Direction : à crémaillère, assistée
Freins avant : disques ventilés
Freins arrière : disques ventilés
ABS : oui
Jantes : 9,5J x 19 à l'avant et 12,5J x 20 à l'arrière, en alliage
Pneumatiques : 265/35 ZR 19 à l'avant et 335/30 ZR 20 à l'arrière

Transmission

Type : aux roues arrière
Boîte : mécanique manuelle à six rapports

Divers

Empattement : 2 730 mm
Longueur : 4 613 mm
Largeur : 1 920 mm
Poids à vide : 1 380 kg

Performances

Vitesse maximale : 330 km/h
0 à 100 km/h : 3,9 s

pour rivaliser dans ces hautes altitudes. Les réactions enthousiastes de la clientèle prouvent à la direction qu'il existe bien une demande et, au Salon de Detroit de janvier 2002, Porsche annonce que la Carrera GT sera produite à un millier d'exemplaires et sera mise en vente dès l'année suivante au prix de 350 000 euros.

Si le prototype se présente comme une « simple » décapotable, le président de Porsche annonce que le modèle de série sera équipé d'un « toit au design soigné ». On va également modifier les poignées de portes et revoir la conception des phares avant. Enfin, on prévoit l'installation d'un aileron arrière télescopique. Pour le reste, la voiture de production avait pour impératif de rester assez proche du prototype.

Les lignes de la Carrera GT sont clairement inspirées par la compétition. Les prises d'air avant alimentent le radiateur mais aussi les imposants disques de freins de 380 mm, avec une évacuation arrière permettant de dissiper la chaleur. Dotée d'étriers à huit pistons, la voiture possède une époustouflante capacité de décélération. Quant aux prises d'air latérales, elles assurent aussi le refroidissement des freins mais surtout celui du moteur, élément fondamental pour une mécanique de cette puissance. L'aileron arrière se lève automatiquement à partir de 120 km/h pour compenser la poussée ascensionnelle, alors que le plancher reçoit un diffuseur plaquant l'essieu arrière au sol.

Réalisé entièrement en alliage, le moteur pèse à peine 165 kg. La surface interne des cylindres bénéficie d'un traitement au Nikasil pour diminuer les frottements. Ce dernier a permis de réaliser un moteur aussi court que possible. Les pistons sont en aluminium forgé, les bielles en titane. La lubrification est du type à carter sec. Le moteur affiche « au moins » 558 ch à 8 000 tr/min. La traque au dernier gramme se poursuit avec le cadre en aluminium noyé dans une carrosserie en fibres de carbone. Comme c'est l'usage dans la course automobile, la transmission et le train arrière forment une unité, les suspensions arrière sont articulées sur le carter de la boîte six vitesses. La suspension elle-même est entièrement réglable, permettant au conducteur d'adapter le caractère du véhicule au mieux de sa conduite.

Contrairement à tous les efforts menés pour gagner du poids sur le châssis et ses composants, Porsche a décidé d'adopter un parti pris différent pour l'intérieur. Le principe est de fournir tout le confort qu'il convient d'offrir à un client prêt à dépenser tant d'argent : sièges en cuir, climatisation et lève-vitres électriques font donc partie de l'équipement.

Mais l'environnement reflète aussi les avancées technologiques du XXIe siècle. En lieu et place des instruments traditionnels, le conducteur dispose d'un moniteur à écran couleur qui lui permet de contrôler toutes les données de la voiture. Le pilote offre différentes configurations, dont l'une est plus adaptée à la route et l'autre à la course. La console présente un décrochement par rapport au tableau de bord et le levier de vitesse est monté relativement haut, à portée immédiate de la main. Une attention toute particulière a été portée à la rigidité de la voiture. En raison de son exceptionnelle adhérence dans les virages, les sièges comprennent aussi des cale-genoux et des appui-jambes rétractables pour améliorer le confort du pilote. Enfin, un compartiment à bagages a été prévu à l'avant.

Dès le départ, les performances de la Carrera GT s'annoncent exceptionnelles, avec pour point de référence rien de moins que la McLaren F1. L'accélération de 0 à 100 km/h devait être inférieure à 4 s, et le 0 à 200 km/h avalé en moins de 10 s. La vitesse maximale dépasse les 320 km/h. Avec le lancement de la supersportive SLR de Mercedes, développée en collaboration avec McLaren, Porsche s'est efforcé d'améliorer les chiffres pour la version de production, comme en témoigne la fiche ci-jointe.

La Carrera GT a donc affaire à une forte concurrence pour s'imposer comme la meilleure des supersportives. Mais les choses se présentent plutôt bien. La voiture est magnifique : c'est de toute évidence une Porsche. Elle ressemble plus à une formule 1 que les autres voitures de sport et bénéficie de suffisamment d'avancées pour permettre à Porsche de s'installer en tête. Inutile de préciser que tous les amateurs de sportives rêvent de se mettre au volant du dernier-né de la marque de Stuttgart.

LE FUTUR

Le président-directeur général de Porsche, le Dr Wendelin Wiedeking, en fonction depuis 1992, a récemment été reconduit à son poste jusqu'en 2007. Cette stabilité est cruciale pour le succès de la marque. Wiedeking sait ce dont Porsche a besoin pour se développer tout en s'efforçant de garder la mesure. Il lui faut relever de nouveaux défis et devenir plus efficace mais sans grandir trop vite. Même si la marque de Stuttgart a depuis longtemps prouvé que David pouvait réussir dans un monde de Goliaths, elle devra continuer à faire ses preuves sur route comme sur piste.

Avec le quasi-doublement du nombre des modèles – augmentation qui inclut une incursion dans le marché des SUV avec le Cayenne – et l'ouverture de l'usine de Leipzig, certains craignent que Porsche ne soit allé un peu vite en besogne. En fait, la marque n'avait guère d'autre choix. Son marché traditionnel a énormément changé ces dernières années et la concurrence y est de plus en plus vive. Nombreux sont ceux qui cherchent à grignoter son territoire. Il lui a donc fallu se positionner au niveau mondial. Le Boxster et la 911 restent les pierres angulaires de l'édifice, mais avec le Cayenne et l'étonnante Carrera GT, Porsche dispose des armes idéales pour rester en tête. Comme l'explique le Dr Wiedeking : « L'avenir n'appartient pas seulement aux plus gros mais aussi aux plus compétents. L'avenir appartient à Porsche. »

Ci-dessus *Prototype de la Carrera GT, présenté en 2000 au Salon automobile de Paris. Un siècle plus tôt, Ferdinand Porsche exposait à Paris sa première voiture. Censé supplanter la McLaren F1, ce modèle excentrique est en vente depuis peu.*

chapitre
9

Les modèles de course

Rothmans
AUTOGLASS
PORSCHE
17
Shell
Rothmans
PORSCHE
DUNLOP
23
Shell
40
46
42

« La course améliore nos modèles », affirmait le professeur Porsche. Depuis les premières voitures fabriquées au sortir de la Seconde Guerre mondiale, la marque a toujours fait courir ses derniers-nés. Elle a utilisé les circuits du monde entier pour tester ou innover, et aucune de ses routières n'a été conçue sans tirer des enseignements de la compétition. Si les autres marques se lancent dans la compétition grâce aux profits que leur rapportent des voitures grand public, Ferdinand et Ferry Porsche se servent de leurs succès sportifs pour asseoir la réputation de leurs modèles. Les courses sont pour eux le meilleur moyen de promotion, et ce principe vaut toujours aujourd'hui.

Ce livre serait incomplet s'il ne présentait pas l'héritage du géant allemand acquis dans le sport automobile. Dans le prochain chapitre, nous reviendrons sur ceux, célèbres ou non, qui ont offert tant de victoires à Porsche et sur les événements qui ont fait la marque. Mais penchons-nous d'abord sur les machines qui sont à l'origine de la légende.

Page précédente *Quelques-unes des meilleures Porsche de course des cinquante dernières années.*

Ci-dessous et ci-contre *La Cisitalia Type 360 de 1947 doit ses lignes révolutionnaires à Ferry Porsche qui, faute de moyens, ne put jamais la faire courir. On remarque en particulier son moteur central avec les réservoirs d'essence de part et d'autre du pilote.*

LE PROJET CISITALIA GP DE 1947

Tazio Nuvolari est considéré comme un des meilleurs pilotes de l'histoire, un champion de la stature de Schumacher. Juste après la Seconde Guerre mondiale, Nuvolari est face à un dilemme. Son ancien chef d'écurie de chez Alfa Romeo, Enzo Ferrari, construit alors sa propre entreprise (Ferrari ne participe à aucun Grand Prix avant 1948) et le champion n'a guère d'autre choix que de se rabattre sur deux voitures : une vieille Maserati et une Cisitalia peu compétitive, dérivée d'un modèle Fiat. Cisitalia est alors dirigée par un industriel turinois, Piero Dusio, qui désespère de percer dans la formule 1 et de goûter à la notoriété qu'offrent les courses. Il recherche une bonne équipe d'ingénieurs et c'est à Gmünd qu'il va la trouver.

Le premier contact a lieu lorsque Nuvolari rend visite à Carlo Abarth, auquel Ferry Porsche a demandé d'être l'agent des bureaux Porsche (cet Autrichien expatrié en Italie est bien plus libre de ses mouvements que l'équipe de Gmünd). Après plusieurs rencontres, Dusio passe commande, au début de 1947, de quatre modèles à Porsche. L'un d'entre eux

n'est autre que la voiture de Grand Prix Type 360. Aujourd'hui encore, ses spécifications impressionnent. Son châssis tubulaire est le premier du genre et il est flanqué de deux réservoirs disposés de part et d'autre du pilote. Un empattement long a permis de loger entre les roues avant et arrière le groupe propulseur tout entier. Quant aux lignes élancées de cette monoplace, elles sont inspirées de celles des célèbres voitures de course Auto Union.

Le moteur est exceptionnel. C'est un douze cylindres à plat refroidi par eau de 1 493 cm^3 avec deux compresseurs et un quadruple arbre à cames en tête, monté au centre du châssis, une disposition inhabituelle en formule 1, avant que John Cooper ne récupère l'idée en 1950, mais qui reste d'actualité aujourd'hui. Au cours de son unique essai, l'engin fournit une puissance de 385 ch à 10 600 tr/min, susceptible de garantir une vitesse maximale de près de 300 km/h, des résultats plutôt impressionnants, d'autant qu'une puissance de 450 ch avait aussi été évoquée. Plus étonnant encore, la boîte cinq vitesses est reliée à un différentiel permettant au pilote de passer d'une transmission à deux à une transmission à quatre roues motrices.

Présentée au public, la Type 360 ne verra jamais les circuits. Les relations entre Porsche et Dusio se dégradent. Des difficultés financières conduisent l'Italien à interrompre le projet peu avant la faillite de Cisitalia. Il ne fait aucun doute qu'avec de telles qualités techniques et Tazio Nuvolari au volant, cette première voiture de course conçue par Porsche aurait pu faire grand bruit en formule 1. Imaginée, conçue et fabriquée dans une scierie délabrée, elle représente un enjeu crucial pour l'entreprise. Elle est presque entièrement réalisée pendant la captivité de Ferdinand Porsche en France, et celui-ci sera très impressionné par ce qui a été accompli en son absence. Grâce à la Type 360, une nouvelle ère vient de s'ouvrir.

LA 550

Dès l'origine, Porsche s'engage dans la course automobile. Le prototype de la 356 de Gmünd se classe dans une course à Innsbruck en 1948 et, en 1951, Porsche fait ses débuts au Mans avec une 356 pilotée par Auguste Veuillet et Édmond Mouche dans la classe des 1 100 cm³. Veuillet et Mouche prennent facilement la tête de leur catégorie et décrochent une honorable vingtième place au classement général. Moins d'un an plus tard, Porsche se lance dans la transformation de la 356 en voiture de course. L'équipe de Stuttgart a conscience des risques. Porsche est encore une petite marque en position délicate avec un modèle unique pour seul appui. Mais Ferry Porsche est persuadé que la réputation de la marque, en matière tant de compétition que de maîtrise technique, vaut bien cette prise de risques. Depuis, Porsche n'a cessé de s'engager sur les circuits.

Ci-dessus *Le Spyder 550 de 1954, tel qu'il apparut la même année dans la Carrera Panamericana, décrochant une victoire de catégorie avec Hans Herrmann au volant.*

Ci-dessous *La 500A RS de 1956. La même année, une voiture identique à celle présentée ici remporte la Targa Florio avec Maglioli et von Hanstein au volant, ainsi qu'une victoire de catégorie au Mans.*

La 550 est la première véritable Porsche de course. Conçue à partir de la 356, en particulier la 356 décapotable fabriquée par Walter Glöckler, concessionnaire VW et mordu de sport automobile. Avec un simple châssis en échelle, un quatre cylindres à plat de 1 500 cm³ et une carrosserie aérodynamique dessinée par Wiedenhausen, à Francfort, les premières 550 sortent des chaînes en 1953. Alimenté à l'alcool, le quatre cylindres à plat Fuhrmann de 1,5 litre, avec arbre à cames en tête, développe plus de 100 ch. Ainsi motorisée et équipée d'une boîte de vitesses à quatre rapports, la 550 remporte la course du Nürburgring et est immédiatement engagée au Mans. Il s'y présente sous la forme d'un coupé pour améliorer l'aérodynamisme sur les longues lignes droites du circuit de la Sarthe. Alimenté à l'essence pour une meilleure fiabilité, le moteur voit sa puissance ramenée à 80 ch mais il atteint encore les 200 km/h et la voiture se classe en tête des 1 500 cm³.

Les succès des 550 conduites par Richard von Frankenburg ou d'autres pilotes sont tels qu'on les surnomme les « requins dans un bassin de perches ». De fait, elles l'emportent contre des modèles bien plus puissants. En 1954, le Spyder 550 apparaît avec un moteur de 110 ch. La même année, les Porsche gagnent au Mans dans la catégorie des 1 100 et des 1 500 cm³, mais elles décrochent une victoire encore plus déterminante lors d'une course de soutien pour le Grand Prix du Nürburgring. Elles y raflent les quatre premières places et assurent à la marque une large publicité. Les commandes de particuliers affluent. En 1955, les Vingt-Quatre Heures du Mans sont assombries par un tragique accident. Pierre Levegh se tue au volant de sa Mercedes, en faisant 85 morts dans le public. Chronométrée à 225 km/h sur la ligne droite des Hunaudières, une 550 finit alors quatrième du classement général et première de sa catégorie.

Ci-dessus et ci-contre *Ces photos de la 550A de 1956 montrent son arrière redessiné, améliorant l'aérodynamisme de la voiture et abritant une nouvelle suspension. On remarque les volumineuses grilles qui contribuent au refroidissement du moteur de 130 ch.*

Un progrès décisif est accompli en 1956 grâce à la 550 A RS (RennSport). Avec un nouveau châssis tubulaire en treillis, plus léger, et des suspensions arrière modifiées, la A est équipée d'un moteur plus puissant de 130 ch et d'une boîte cinq vitesses. C'est avec ce modèle que Porsche projette de remporter la Targa Florio. Cette épreuve d'endurance très difficile disputée sur route, inaugurée en 1906, est une course redoutable pour les hommes comme pour les machines. Aux mains de Huschke von Hanstein et Umberto Maglioli, la 550 l'emporte une première fois, inaugurant ainsi une longue série de onze victoires remportées dans cette compétition.

LES 718 : LA RSK, LA RS60 ET LE BERGSPYDER

La 718 RSK dérive étroitement de la 550 A. La lettre K fait référence à la forme de la portion de châssis qui supporte les barres de torsion. Comme sa devancière, elle est équipée d'un moteur central de 1 500 cm^3, mais de nouvelles suspensions avant ont permis d'obtenir une voiture plus basse et mieux profilée. En incorporant les phares dans la carrosserie, Porsche améliorera encore l'aérodynamisme.

Les tests montrent que la RSK a un excellent comportement et un bon potentiel. Mais si elle atteint d'emblée les 294 km/h, son principe de suspension arrière par barres de torsion modifie sans cesse le carrossage des roues arrière, pénalisant par là même la motricité de l'engin. Des changements sont apportés à la voiture, et, dès 1958, celle-ci devient réellement compétitive. Elle se classe troisième à Sebring et seconde dans la Targa Florio, devant de nombreuses concurrentes plus expérimentées dont plusieurs 550 et 356. Enfin, elle décroche la troisième et la quatrième place au classement général du Mans et domine la catégorie des 2 litres.

Mais l'évolution ne s'arrête pas là. En 1959, la cylindrée passe de 1,5 à 1,6 litre pour une puissance de 148 ch, effort couronné par une victoire dans la Targa Florio, les Porsche y raflant les quatre premières places (une 550 RS et deux 356 A Carrera occupant les trois suivantes). La même année, cinq RSK se classent dans les dix premiers à Sebring, plusieurs appartenant à des équipes indépendantes, de plus en plus convaincues des qualités de la petite 718. L'exploit est réédité à Buenos Aires en 1960, après une refonte de la suspension arrière associant cette fois de doubles triangles superposés à des ressorts hélicoïdaux. Pour finir, une nouvelle version de la 718, la RS 60, permet à Porsche de remporter la Coupe des constructeurs.

La RS 60 est en fait une formule 2 avec une carrosserie de coupé complètement redessinée, reposant sur un châssis tubulaire en treillis élaboré autour d'un empattement allongé et chaussé de jantes et de pneumatiques plus larges. Avec ses quatre arbres à cames en tête, son moteur de 1 587 cm^3 développe 160 ch. Pesant seulement 550 kg, la RS 60 affiche une vitesse maximale de près de 225 km/h, toujours appréciable aujourd'hui. Malgré la modification des règles par la FIA, la RS 60 surprend tout le monde en évinçant les Ferrari pour se classer aux deux premières places à Sebring en 1960. Elle remporte dans la foulée la Targa Florio, et décroche aussi les troisième et cinquième places, le reste du palmarès

Ci-contre *La Porsche 718 RS60 de Maurice Trintignant et Hans Herrmann, peu avant son engagement au Mans où elle devra se retirer à la suite d'une casse de piston.*

Ci-dessus *La 718 RSK de Jean Behra, qui met sur pied sa propre écurie en 1959, après plusieurs saisons fructueuses dans l'équipe Porsche.*

revenant une fois de plus à Ferrari (trente-six ans plus tard, en 1996, cette même voiture sera expédiée par Porsche en Tasmanie pour disputer la Targa avec au volant Jochen Mass, vainqueur du Mans pour Porsche en 1989).

Si, pendant cette même année 1960, les RS 60 ne brillent pas au Mans, elles remportent l'essentiel des autres courses de la saison. Les autorités allemandes décidant de réserver le Grand Prix d'Allemagne aux formules 2, c'est l'occasion pour la 718 d'y rafler les deuxième, troisième et quatrième places avec, au volant, Joachim Bonnier, Graham Hill et le redoutable Wolfgang von Trips dit « Taffy » (Jack Brabham se classe troisième sur Cooper-Climax). L'année suivante, la RS 61 ne se distingue pas particulièrement. Malgré de très honorables deuxième et troisième places dans la Targa Florio, elle est dominée par les inévitables Ferrari.

La WRS, nouvelle version Spyder de la 718, est construite en 1961. Un an plus tard, équipée d'un huit cylindres à plat de 2 litres, elle prend peu à peu le relais de la RS 61. Sans détrôner les Ferrari au classement général, elle décroche d'importantes victoires de catégories au Mans comme au Nürburgring et remporte avec Edgar Barth le Championnat européen de la montagne 1963 et 1964, avant de rejoindre définitivement le musée de la marque.

Vers la fin de 1962, ces dérivés d'un même modèle ne sont plus réellement compétitifs. La dernière de la lignée, la 718 GTR, équipée d'un moteur 2 litres de huit cylindres, remporte la Targa Florio mais c'est plus un coup de chance qu'une victoire à l'arraché. Comme machine de course, la 718 a fait son temps.

Mais, en dehors des circuits, le modèle n'a pas pour autant dit son dernier mot. Un de ses nombreux dérivés, baptisé Bergspyder, est conçu tout spécialement pour les courses de côte où il va se montrer particulièrement brillant de la fin des années 1950 au milieu des années 1960. Ces courses étant de véritables institutions en Allemagne, la domination de Porsche ne doit rien au hasard et, pendant cette période faste, la marque met au volant de ces voitures les grands noms des compétitions internationales. C'est ainsi qu'en 1958, Wolfgang von Trips et Jean Behra, tous deux au volant de la 718, se livrent à une formidable bataille pour l'obtention du titre de champion IMSA de courses de côte. En 1960, la 718 occupe les cinq premières places

Ci-dessous *Gerhardt Mitter, sacré plusieurs fois champion IMSA pour Porsche, remporte une nouvelle victoire dans une course de côte à Fribourg en 1968, grâce au 718 Bergspyder.*

Ci-contre *La RS n° 28 RS de Barth et Linge, à mi-course du Mans en 1963 où elle remporte une victoire de catégorie et finit huitième au classement général.*

du même championnat, un véritable exploit pour un constructeur dont le premier modèle de course a fait son apparition moins de dix ans plus tôt. Les 718 continueront ainsi jusqu'à la fin des années 1960.

Le modèle sera engagé par les clients de la marque dans d'innombrables épreuves. Cet engouement est pour beaucoup dans la réputation de Porsche, perçue comme étant toujours à la pointe du progrès. Il va peu à peu imposer le nom de la marque dans l'esprit des amateurs de sport automobile. Jusqu'au milieu des années 1960, les diverses versions de la 718 ont dominé le monde des courses du Mans à Sebring : des voitures de légende conduites par de futurs pilotes de légende qui ont pour noms Stirling Moss, Jean Behra, Jo Bonnier, Wolfgang von Trips ou Dan Gurney. Légères, les 718 ont ainsi surpassé les lourdes mais puissantes Ferrari et la Maserati 3 litres. Avec seulement 33 unités construites, la 718 est aujourd'hui une des plus rares et des plus belles Porsche des premières années, et son esprit se retrouve dans l'actuelle Type 986 (le Boxster).

LA 904

La 904 constitue pour Porsche une étape importante. Elle clôt le chapitre des modèles de course quatre cylindres, et son remplacement par la 906 en 1966 marque aussi la fin des *road-racers* (littéralement routières de course), formule dont Porsche s'était fait une spécialité.

Comme la 911, la 904 est l'œuvre de Butzi, le fils de Ferry. Il abandonne le châssis tubulaire en treillis pour en revenir à une formule plus classique en échelle. Tirant les enseignements de l'expérience des brillants ingénieurs anglais Cooper et Chapman, il la dote d'une carrosserie basse et profilée en fibres de verre, fixée directement au châssis. L'ensemble est non seulement léger mais aussi particulièrement rigide. À l'origine, la voiture doit être équipée d'un six cylindres, mais, prudent, Porsche lui préfère le moteur Carrera, dont la fiabilité et les performances en course sont connues. Équipée de freins à disque et animée par un moteur développant 200 ch lui assurant une vitesse maximale de 257 km/h, la voiture est une vraie réussite.

Ci-dessus *La 904GTS pilotée par l'équipage privé formé de Franc et Kerguen devance une Ferrari aux Vingt-Quatre Heures du Mans 1964. Elle termine première des 2 litres et huitième du classement général.*

Dès 1964, elle remporte la redoutable Targa Florio (une autre 904 finit troisième) et est première au Mans dans la catégorie des 2 litres. En fait, toutes les 904 finissent les Vingt-Quatre Heures et décrochent respectivement la septième, huitième, dixième, onzième et douzième place au classement général ! Une autre victoire de catégorie suit en 1965, mais la conception des Porsche de course va changer. En dépit de sa rapidité et d'une nette orientation vers la compétition, la 904 est toujours une routière. À cette époque, on se rend encore au circuit au volant de la voiture qui va courir. Équipée d'un six, puis d'un huit cylindres, la 904 passe alors définitivement du côté des voitures de circuit. Avec 220 ch et une vitesse maximale de 273 km/h, elle est réservée aux professionnels. Les performances atteignent alors un tel niveau que la conduite de ces voitures nécessite une adresse exceptionnelle dont seul un nouveau

Ci-dessous *Une autre 904 GTS de 1964, lors d'une démonstration en Allemagne.*

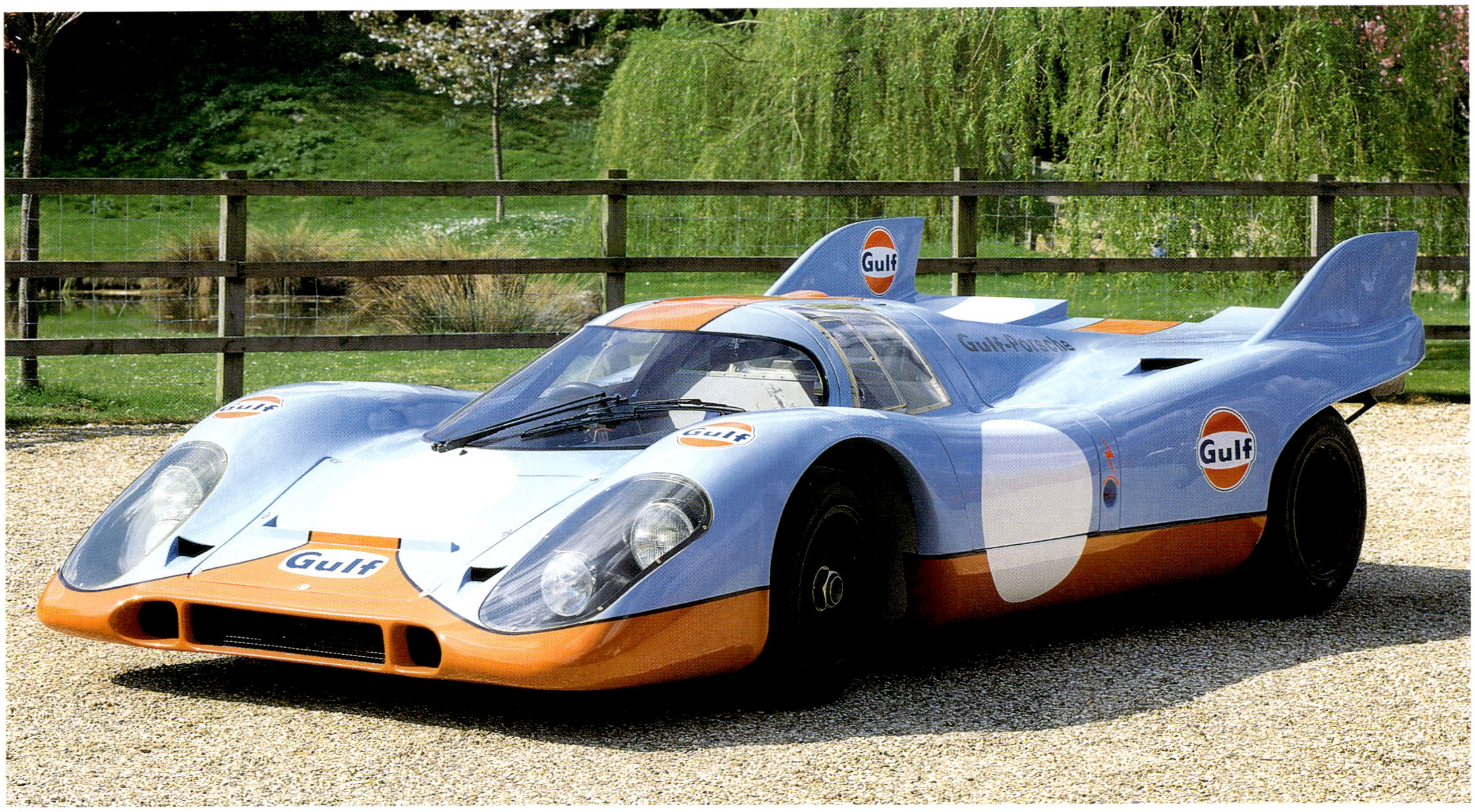

Ci-dessus et ci-contre *Une 917K de 1969 aux couleurs de l'écurie Gulf-Wyer, telle qu'elle s'est présentée à Monza en 1971. À l'origine, les dérives arrière ont été ajoutées pour les courses CanAm où la tenue de route dans les virages est primordiale.*

genre de pilotes est capable. L'époque des *gentlemen drivers* et de l'adaptation des routières aux conditions des circuits est révolue. Porsche sait que, pour tirer pleinement parti de ses succès, il lui faut se maintenir au meilleur niveau de la compétition. Les victoires de catégories ne suffisent plus. Ce nouvel objectif accélère les programmes destinés aux courses et, en 1966, la 904 est évincée. Trois ans plus tard, une championne légendaire fait son entrée : la 917 de 520 ch.

LA 917

Après presque vingt ans de participation, de nombreuses victoires de catégories et une brillante seconde place en 1968, Porsche n'a toujours pas réussi à remporter les Vingt-Quatre Heures du Mans. Pour y remédier, la marque se lance dans la construction d'une voiture de course adaptée aux nouveaux règlements. Deux possibilités s'offrent au constructeur : une barquette prototype de 3 litres ou une voiture « de sport » de 5 litres dérivée de la série. Porsche opte pour la seconde solution et fabrique vingt-cinq exemplaires de cette « sportive » pour les besoins de l'homologation. Le résultat est l'étonnante 917, dessinée par Ferdinand Piëch, dotée d'un impressionnant douze cylindres à plat de 4,5 litres long de plus de 1 mètre et développant 520 ch. Sa présentation au Salon de Genève en 1969 persuade le public que Porsche a de fortes chances de remporter les Vingt-Quatre Heures. Mais les choses sont loin de se dérouler comme prévu. La carrosserie allongée se révèle néfaste à l'équilibre de la voiture à grande vitesse, et bien qu'elles soient en tête la marque retire ses deux voitures de la course. Quant à la seule 917 privée, elle est victime d'un accident qui coûte la vie à son pilote et propriétaire, John Woolfe.

En 1970, la 917 K (K pour « kurz » qui signifie court en allemand) fait son apparition. Avec son arrière surélevé et un avant modifié pour ajouter de l'appui aérodynamique, la voiture se révèle imbattable et se classe première et deuxième des Vingt-Quatre Heures. La performance est rééditée l'année suivante, la voiture victorieuse pilotée par Helmut Marko et Gijs Van Lennep, et dont le moteur peut compter désormais sur 600 ch, réalisant une moyenne record de 222 km/h. On remarquera que, cette même année, 24 des 51 voitures engagées sont des Porsche et pour un tiers d'entre elles, des 917. Ces succès donnent un nouvel élan aux ventes des modèles de série.

Ayant rempli son principal objectif, la 917 traverse l'Atlantique pour concourir dans la catégorie CanAm. Pour la circonstance, on la débarrasse de son toit et on l'équipe de deux turbocompresseurs. Les 917 dominent les épreuves CanAm en 1972 et 1973. Véritables bêtes de course, elles affichent alors 1 100 ch dans leur version ultime et dépassent les 400 km/h.

Ci-dessous *Les lignes aérodynamiques du Spyder 917 de 1970.*

En bas *La 917K d'Attwood et Herrmann, première du triplé gagnant Porsche au Mans en 1970 et détentrice du record du tour.*

En haut *Surnommée «Moby Dick» en raison de sa ressemblance avec le cétacé, la 935/78 remporte la victoire à Silverstone en 1978 mais se classe seulement huitième au Mans.*

Ci-dessus *La 935 plus sobre de 1976.*

LA 935

En 1976, afin de mettre hors jeu les prototypes de 3 litres qui ont jusqu'alors régné sans partage sur le monde des courses, les autorités sportives introduisent le Championnat du monde pour marque. Le règlement prévoit que les voitures doivent conserver la silhouette et le bloc-moteur du modèle de série dont elles dérivent. Pour le reste, les écuries ont carte blanche. Porsche dévoile alors sa 935. Basée en principe sur un moteur Carrera 2,1 litres de 1974, elle est finalement dotée par les ingénieurs maison d'un 2,8 litres de 590 ch. Ce moteur, combiné à de visibles aménagements aérodynamiques, lui permet d'atteindre les 320 km/h.

Au cours de la première édition du Championnat, Porsche remporte la victoire après un duel serré avec BMW. En 1977, les 935 sont équipées d'un double turbocompresseur, soit un gain de 40 ch, et raflent la première comme la seconde place de toutes les épreuves. L'année suivante est marquée par la naissance de la plus puissante 935. Surnommée «Moby Dick» en raison des extensions de sa carrosserie, fruit d'une interprétation intelligente des règlements du groupe 5, la voiture présente un air de famille avec la 911. En fait, seuls subsistent le toit, les montants et les portes du modèle de série. Avec son moteur passé à 3,2 litres équipé d'un double turbocompresseur KKK, Moby Dick développe 850 ch à 8200 tr/min. En dépit de son nom, la voiture est si légère que, pour rester dans les limites du règlement, elle doit être lestée, un procédé par lequel il est possible d'améliorer la répartition des masses en plaçant où c'est nécessaire le supplément de poids imposé.

Moby Dick se comporte fort bien. Pour ses débuts à Silverstone, elle remporte l'épreuve avec sept tours d'avance et signe une moyenne remarquable, proche de celle d'un modèle de Grand Prix. La victoire au Mans semble assurée, mais des problèmes d'allumage la relèguent à une modeste huitième place. Elle se rattrape l'année suivante, une 935 Kremer, conduite par Klaus Ludwig et les frères Dale, et Bill Whittington remporte la course. Deux autres 935, conduites par des particuliers, complètent le podium.

LA 936

Conçue tout spécialement pour le groupe 6, la 936 Barquette se révèle redoutable. La voiture remporte par trois fois Le Mans, dont deux victoires consécutives en 1976 et 1977. Libre de concevoir une voiture ne dérivant pas d'un modèle de série, Porsche améliore le châssis de la 908 des années 1960, qui s'était montré si efficace dans la Targa Florio. La voiture est équipée d'un 2 142 cm^3 avec turbocompresseur, dérivé du six cylindres boxer (une version du moteur de la Carrera Turbo) préparé de façon à développer 500 ch. Extérieurement, la voiture ressemble à la 917 CanAm des années 1970, avec une impressionnante bouche d'air au-dessus de la tête du pilote.

En 1976, Porsche engage deux 936 aux Vingt-Quatre Heures du Mans. Si l'une des deux doit se retirer, l'autre, pilotée par Gijs Van Lennep et Jacky Ickx, gagne la course avec une énorme avance de onze tours. La même année, la 936 remporte les Championnats du monde

Ci-contre *La 936 « Jules », victorieuse au Mans en 1981, avec Ickx et Bell au volant.*

Ci-dessous *L'équipe de la Porsche Martini de 1979. On aperçoit Jacky Ickx à la gauche de la 936.*

des voitures de sport, grâce à ses performances et à sa fiabilité (un seul abandon durant toute la saison !). En 1977, elle est de retour au Mans avec un nouveau turbocompresseur. Mais l'épreuve commence mal. En tête, Ickx doit se retirer en début de course. Le règlement le permettant alors, il prend le volant de la deuxième voiture et, multipliant les doubles relais tout en conduisant comme un dieu, il parvient à remonter de la quinzième à la deuxième place. Quand la voiture de tête tombe en panne, la victoire semble à portée de main, mais dans la dernière heure un piston crève ! Qu'à cela ne tienne, Ickx est relayé par son copilote Haywood, et la voiture, sommairement réparée, se traîne sur cinq cylindres vers la victoire !

En 1979, la réussite n'est pas au rendez-vous. Les trois 936 en lice sont éliminées, seule une 935 parvient tout de même à sauver l'honneur de la marque. En 1980, une 936 se classe deuxième, mais il reste encore quelques belles victoires à glaner. Équipée désormais d'un 2,6 litres, la 936 remportera de nombreuses victoires avant de prendre le chemin de la retraite.

Ci-dessous *Le cockpit rempli d'instruments de la 956 de course.*

En bas *Une des fameuses 956 Skoal Bandit de 1985, qui se classe quatrième au Mans avec David Hobbs, Jo Gartner et Guy Edwards au volant.*

LA 956

Avec son « effet de sol » dérivé de la formule 1 et sa fameuse livrée Rothmans, la 956 est l'une des voitures de course les plus remarquables et les plus titrées de l'épopée Porsche. Première à utiliser un châssis monocoque, elle est construite par Porsche en vue de courir dans le groupe C. Avec son six cylindres à plat en position centrale de 2,6 litres dopé par une paire de turbocompresseurs, la voiture, disposant de 630 ch, fait preuve d'une vitesse de passage en courbe absolument incroyable.

En 1982, avec le tandem imbattable constitué par la paire Ickx et Bell au volant de la voiture de tête, les conditions sont optimales, pour ne pas dire parfaites. Les 956 dominent la course et raflent les trois premières places, Ickx enregistrant un record personnel avec sa sixième victoire. L'année suivante est encore plus incroyable : la 956 remporte les huit premières places avec Vern Schuppan, Hurley Haywood et Al Holbert sur la plus haute marche du podium. En 1984, en l'absence

Ci-contre *La mécanique de la 956 de 1985.*

d'un engagement personnel de la marque, la 956 reste invaincue grâce aux efforts de l'écurie privée de Reinhold Joest. À la grande joie des supporters français, Henri Pescarolo (avec Klaus Ludwig comme copilote) conduit la voiture à la victoire. Joest réédite son exploit en 1985, alors que Porsche est à nouveau dans la course et, plus incroyable, c'est le même châssis (956/117) qui voit s'abattre sur lui le drapeau à damier de la victoire pour la seconde fois consécutive.

Ce règne prend fin en 1986, et c'est une Porsche encore plus performante, la 962, qui évince la championne. L'immense succès de la 956 ne fait aucun doute. Elle a remporté les Vingt-Quatre Heures quatre fois d'affilée, a totalement dominé le groupe C ainsi que le Championnat du monde d'endurance. En 1984, les 956 y remportent toutes les manches. Pour bien des enthousiastes, la 956 dans sa livrée bleu et blanc incarnera toujours la Porsche par excellence.

LA 962

La 962 n'est guère différente, visuellement et mécaniquement, de la 956. Elle entre en lice en 1984, alors que sa cadette vit encore son âge d'or et domine Le Mans et le Championnat du monde d'endurance. En fait, elle est conçue tout spécialement pour courir au-delà de l'Atlantique. Les États-Unis constituent un marché crucial pour Porsche, et le prestige à retirer d'une série de victoires en compétition ne peut être sous-estimé.

Les modèles destinés aux États-Unis présentent des moteurs de 2,8 à 3,2 litres, mais limités à un seul turbocompresseur. Les 962 se montrent aussi brillantes que les 956, gagnant 46 courses de l'IMSA entre 1984 et 1987. Le triomphe du Mans interviendra après les modifications opérées pour adapter la voiture au groupe C. Avec un moteur 3 litres refroidi par eau de 650 ch, la 962 atteint 386 km/h, ce qui en fait une des voitures de course les plus rapides de l'histoire. Derek Bell, Hans Stuck et Al Holbert la conduisent à la victoire à Daytona et au Mans en 1986 et 1987. Cette dernière année offre à Porsche une septième victoire consécutive au Mans !

Jaguar met un terme à cette étonnante réussite en 1988. Mais la 962 n'a pas dit son dernier mot. Six ans plus tard, en 1994, deux Dauer 962, fortement modifiées pour répondre au règlement, obtiennent leur admission en catégorie grand tourisme (GT). La meilleure

Ci-dessus *La Porsche Rothmans 962C n° 17 de Hans-Joachim Stuck, Derek Bell et Al Holbert triomphe au Mans en 1987.*

d'entre elles se classe première en GT et remporte en outre le général, soit une treizième victoire au Mans pour Porsche, la seconde terminant troisième à l'issue du double tour d'horloge. Un beau chant du cygne…

LA GT1 ET LE SPYDER TWR

La GT1 pourrait bien rester la plus chère et la plus époustouflante des routières produites par Porsche. Mais si elle a fréquenté nos routes, c'était dans le seul but d'homologuer la GT conçue tout exprès pour Le Mans. À l'époque, le règlement de l'épreuve sarthoise veut qu'un modèle puisse présenter n'importe quelle configuration, à la condition qu'un exemplaire ait reçu son homologation pour rouler sur route.

En dépit de son nom de 911 et de sa vague ressemblance avec ce modèle, la machine créée par l'équipe Singer est unique. Alors que l'avant, carénage compris, repose sur une structure propre à la 933, l'arrière utilise des techniques proches de celles des 956 et 962. Même son moteur Boxer refroidi par eau trouve son origine dans la motorisation de ce dernier modèle.

Pourtant, chez Porsche, plusieurs responsables s'inquiètent du manque d'essais réalisés par les 911 GT1 pour l'emporter au Mans et recherchent ailleurs d'autres solutions. La première est le Spyder Walkinshaw ou TWRS. Ce prototype du groupe C, conçu chez Jaguar par Walkinshaw en 1991, est devenu une Mazda avant d'être vendu à la firme de Zuffenhausen après sa victoire au Mans en 1994. Son toit est retiré et d'autres modifications sont apportées pour répondre aux nouveaux règlements et on l'équipe du moteur turbo six cylindres de la 956/962, avec l'intention de courir au Mans. Mais un nouveau changement de règlement déjoue les plans de l'équipe et les Spyders sont confiés à Reinhold Joest afin de courir en 1996, avec, pour pôle, un appui stratégique à fournir aux Porsche 911 GT1 engagées officiellement.

Bien que les efforts de Porsche soient pour beaucoup dans les victoires de catégorie des GT1 et des 911 GT2, la vraie gloire rejaillit sur le Spyder qui devance les GT1 de l'équipe Porsche, deuxième et troisième au classement général. Celles-ci sont engagées la même année dans les épreuves d'endurance du BPR. Elles en remportent trois courses avant que le

BPR ne disparaisse, remplacé en 1997 par le Championnat FIA GT.

L'épisode aboutit à la fabrication d'une mini-série de 911 GT1 destinées à la vente avec un moteur de 600 ch. Une voiture pouvant prétendre au titre de routière la plus rapide jamais produite. Mais son prix de 750 000 euros la réserve à un petit nombre de privilégiés et lui interdit de fréquenter le parking du coin. Dans l'intervalle, Porsche engage sa 911 GT1 « Evo » au Mans et dans le Championnat FIA GT. Si Mercedes écrase Porsche dans cette compétition, les GT1 maison se comportent bien au Mans avant que des ennuis mécaniques n'interrompent leur course dans les derniers tours. Ironie du sort, c'est le Spyder TWR de Joest, piloté par Michele Alboreto, Stefan Johansson et Tom Kristensen, qui l'emporte à nouveau.

Mais pour ses cinquante ans, Porsche ne saurait être désavoué. À nouveau en lice en 1998, les GT1 n'ont pas dit leur dernier mot. Leur tout nouveau châssis en fibres de carbone et leur aérodynamique entièrement revue les rendent presque méconnaissables. À nouveau évincées dans le Championnat FIA GT, elles prennent d'assaut Le Mans avec Allan McNish, Stéphane Ortelli et Laurent Aiello au volant pour un doublé gagnant au classement général, un cadeau d'anniversaire digne du professeur Porsche.

Les GT1 sont à présent logées en compagnie du Spyder TWR dans le fameux musée Porsche, d'où elles sortent de temps à autre pour participer à des courses historiques. Si l'objectif a été rempli, la 911 GT1 n'a jamais été vraiment terminée. Porsche a vendu un exemplaire des Evos à l'écurie américaine Champion Racing qui a remporté dans la catégorie GT le Road Racing Championship des États-Unis en 1998 et s'est classée première dans la

En haut *Les brasseries Warsteiner ont souvent sponsorisé Porsche, y compris l'équipe des GT1 de 1996, privées de la victoire au Mans par le Spyder TWR de Joest Racing.*

Ci-dessus *La Porsche Kremer K8 de 1995, conduite par Laessig, Konrad et Herrmann au Mans. Cette voiture s'est retirée après 16 heures de course mais Stuck, Bouchut et Boutsen ont fini sixième au classement général sur un exemplaire identique.*

Ci-dessous *Un bel exemple de 993 3,8 litres de la génération des 911 Cup, utilisées pour concourir dans la Carrera Cup et la Porsche Supercup.*

En bas *Une Porsche Carrera 911 engagée dans le rallye de Monte-Carlo 1979.*

catégorie GT au « Petit Le Mans », une des courses de la série American Le Mans. Enfin, en 2001, les instances américaines du sport automobile ont invité la GT1 à reprendre du service dans le Championnat de l'American Road Racing et dans des courses « historiques » pour lesquelles elle est largement qualifiée.

LA 911

À l'époque des modèles ultra-légers à quatre roues motrices bardés d'électroniques développés spécialement pour les rallyes, on aurait tendance à oublier que Porsche possède également un magnifique palmarès dans cette discipline : pas moins de quatre victoires toutes catégories confondues au rallye de Monte-Carlo et deux victoires dans le Paris-Dakar avec la 959.

Avant l'entrée en lice d'Audi, dont la Quattro à quatre roues motrices va révolutionner l'univers des rallyes, la propulsion est la règle dans les courses sur neige comme le rallye de Monte-Carlo, et la 911 jouit là d'un atout certain. Avec sa mécanique disposée derrière l'essieu arrière, le poids reposant sur les roues motrices arrière est bien supérieur à celui des autres voitures, ce qui confère aux 911 un net avantage en motricité par rapport à leurs concurrents dans ces conditions d'adhérence particulières. Elle permet aussi à la 911 d'enrouler les virages avec une grande facilité en utilisant le mouvement de pendule de son arrière, tendance qui peut être considérée comme un handicap sur une route normale. La 911 est aussi très solide, ce qui n'est pas négligeable dans des courses où la durée et les distances sont considérables. Porsche dispose en outre d'un pilote exceptionnel en la personne de Bjørn Waldegaard, futur champion du monde des rallyes. C'est lui qui va conduire la 911 à la victoire aux rallyes de Monte-Carlo et de Suède en 1969 et 1970.

LA 959

En haut La 959 dans son habituelle livrée Rothmans/Shell. Le modèle signe une carrière en dents de scie mais a réussi un doublé gagnant au Paris-Dakar 1986.

Ci-dessus Le moteur de la 959 de rallye.

La réputation de Porsche n'étant plus à faire au Mans – une des courses les plus difficiles, souvent dominée par la marque de Stuttgart –, il n'existe pas de meilleur défi que le Paris-Dakar. Avec ses 14 000 km parcourus en 22 jours sur les terrains les plus durs, la course fait ressembler Le Mans à un pique-nique.

Le projet de la 959 de rallye est le fruit de la rencontre de deux programmes : celui existant de la 911 SC RS et un autre, basé sur la nouvelle règlementation pour courir en groupe B. Trois 911 modifiées et équipées d'une version préliminaire du système de transmission 4 x 4 de la 959 sont engagées par Porsche dans le Dakar 1984, sous la bannière de l'équipe Prodrive. La victoire est au rendez-vous avec le pilote René Metge et le copilote Dominique Lemoyne.

Dès lors, on attend beaucoup de la 959, censée devenir le pendant tout-terrain de l'imbattable 962 du Mans. Équipée d'un six cylindres à plat avec double turbocompresseur d'une puissance annoncée de 600 ch, elle bénéficie d'une nouvelle boîte six vitesses et d'une transmission électronique à quatre roues motrices. La 959 se présente comme la plus perfectionnée des voitures de rallye du moment. Encouragé par la victoire de 1984, Porsche engage trois 959 dans l'édition 1985 du Paris-Dakar. Mais le moteur n'étant pas encore au point, les ingénieurs doivent se rabattre sur une mécanique moins puissante de 911. Aucune des trois voitures ne franchit la ligne d'arrivée. C'est seulement plus tard dans l'année que la 959 enregistre son premier succès, en Égypte, dans le rallye des Pharaons.

Alors que les 959 en livrée Rothmans sont encore engagées dans le Dakar 1986, le programme semble compromis. Dave Richards et l'équipe Provide sont lassés par les ajournements successifs dans la mise au point du modèle et par les maigres résultats enregistrés. En raison de la récession mondiale et du coût important des deux cents unités que Porsche doit fabriquer pour l'homologation – la voiture coûterait deux fois plus cher à produire qu'elle n'est vendue –, la 959 semble condamnée. La victoire au Dakar 1986 et celle obtenue au rallye des Mille Pistes arrivent trop tard. Les projets de Porsche de dominer le monde des rallyes s'évanouissent avec la mort d'Henri Toivonen dans un accident en Corse, qui conduit la FIA à supprimer le groupe B.

LA FIN DE LA ROUTE ?

Les 959 et les GT1 sont sans doute les dernières « grandes » Porsche à avoir été conçues pour la compétition contre d'autres marques. Des modèles ultérieurs comme la GT2 continuent bien sûr à courir. Il en va de même des 911 développées pour la Supercup Porsche et la Carrera Cup, sans oublier les 944 Turbo et des Boxster, pilotés pour la plupart pour le compte de propriétaires privés. Mais les épreuves auxquelles celles-ci participent n'ont rien à voir avec les courses disputées par les équipes officielles dotées d'importants moyens avec l'unique but de battre une marque concurrente. Porsche a certes contribué avec d'autres partenaires à la réalisation de modèles comme la McLaren engagée en formule 1 du milieu des années 1980. Mais dans ce cas, il ne s'agit plus d'une voiture pensée (châssis et moteur) par Porsche pour l'écurie maison. Aux yeux des responsables de Stuttgart, un trop grand déséquilibre existe entre les bénéfices en termes de publicité et les dépenses nécessaires au développement d'un moteur de course et à la mise sur pied d'une écurie capable de s'engager dans diverses épreuves. Si l'enthousiasme des supporters est intact, l'époque des riches écuries officielles d'usine semble révolue.

chapitre 10

L'héritage des courses

839
YSU654

Quelques statistiques suffisent pour mieux comprendre l'impact considérable de Porsche sur le monde des courses au plus haut niveau : Vingt-Quatre Heures du Mans, 16 victoires ; Vingt-Quatre Heures de Daytona, 18 victoires ; Douze Heures de Sebring, 17 victoires ; Targa Florio, 11 victoires, titres de champion du monde de formule 1 (avec McLaren), 3. À cela, ajoutez 4 victoires au rallye de Monte-Carlo, 2 au Paris-Dakar et pas moins de 14 au Championnat du monde des constructeurs. Porsche a encore enregistré 20 victoires au Championnat d'Europe de la montagne (IMSA) et nombre d'autres titres dans des épreuves nationales et de victoires de catégories ou de classes. En définitive, toutes compétitions confondues, ce constructeur relativement modeste affiche un palmarès de plus de 23 000 victoires, ce qui en fait de loin le plus primé au monde. Et ce chiffre impressionnant ne cesse de croître. Certaines compétitions sont ainsi dominées par Porsche à l'exclusion de tous ses concurrents. Dans ce chapitre, nous allons revenir sur ce glorieux inventaire et évoquer les coureurs qui ont contribué à confectionner ce palmarès unique.

LES CHASSES GARDÉES DE PORSCHE

Porsche a particulièrement excellé dans certaines épreuves. Les courses italiennes disputées sur route ouverte et longue distance, d'endurance en circuit par équipe, de côte, autant de conditions différentes où la marque a prouvé sa maîtrise. Et l'effet de ce palmarès sur la réputation et les ventes de Porsche ne peut pas être négligé. Le vieil adage « victoires le dimanche, ventes le lundi », ne s'est jamais mieux vérifié qu'à Stuttgart. Aujourd'hui encore, en dotant la 911 GT2 d'avancées techniques, comme de nouveaux freins de course en céramique, Porsche n'hésite pas à offrir à ses clients un avantage unique sur route. Si les derniers résultats au Mans ou en formule 1 n'ont pas particulièrement distingué la marque, Porsche a tout de même engagé un nombre record de 911 dans les courses d'endurance américaines (American Le Mans Series) et la Porsche Supercup. L'héritage sportif de Porsche est bien défendu.

Page précédente *Hommage aux années glorieuses : une des premières Carrera 356 fait une pause durant une édition historique du rallye des Alpes.*

Ci-dessous *La 356B 2000GS de Gerhardt Koch et Carel de Beaufort sur la piste du Mans en 1963. La voiture est talonnée par celle de leurs coéquipiers Heinz Schiller et Ben Pon.*

Ci-dessus *Sponsorisée par Martini, la 917 de Helmut Marko et Gijs Van Lennep mène la course puis remporte les Vingt-Quatre Heures du Mans en 1971.*

Avec le Grand Prix de Monaco et les 500 Miles d'Indianapolis, les Vingt-Quatre Heures du Mans demeurent une des plus célèbres épreuves du sport automobile. La première édition du double tour d'horloge sarthois a lieu en 1923 dans les rues de la ville, avant le transfert de la course sur le circuit actuel. Beaucoup considèrent qu'avec la Mille Miglia, son équivalent italien, Le Mans a exercé une grande influence sur l'évolution des voitures de course. Avec pour objectif de mesurer l'endurance des voitures et des pilotes (trois par équipe) pendant vingt-quatre heures, les deux épreuves ont joué un grand rôle dans la mise sur pied du Championnat du monde des voitures de sport en 1953. Elles sont souvent considérées comme les principales courses de la saison, au moins jusqu'en 1957, date à laquelle l'épreuve italienne fut supprimée des calendriers suite à l'accident du marquis de Portago. Les autorités du Mans se sont finalement retirées du Championnat en 1976, à la suite d'un différend avec la FIA sur plusieurs modifications du règlement. Celles-ci prévoyaient de réserver la course aux seules voitures de série en excluant les prototypes de sport, autorisés par les Français depuis la fin de la Seconde Guerre mondiale. L'admission de tels prototypes (qui devaient toutefois être homologués comme futures routières) a permis à Porsche et à Ferrari d'engager des voitures, caduques ailleurs, et a donné à tous les constructeurs l'occasion d'aligner des modèles dans la catégorie de leur choix. À l'heure où beaucoup d'épreuves sont éclipsées par les épreuves de formule 1 en Europe ou du NASCAR aux États-Unis, cette reine des courses attire toujours plus de 250 000 spectateurs.

L'histoire d'amour entre Porsche et Le Mans remonte à plus d'un demi-siècle, avec la victoire d'une 356 dans la catégorie des 1 100 cm^3 en 1951. Il faut attendre dix-neuf années pour voir la marque décrocher une première place au classement général. Mais dans les décennies qui suivent, Porsche devient un des constructeurs les plus primés, avec un nombre inégalé de victoires, dont une série de sept triomphes obtenus successivement de 1981 à 1987 (cf. plus loin). Si le même exploit n'a pu avoir lieu entre les années 1960 et le début des années 1970, c'est en raison de la résistance acharnée des Ferrari, avec lesquelles les Porsche doivent souvent partager le podium. Il faut aussi mentionner les multiples victoires de catégorie et le fait que la 911 domine toujours actuellement celle réservée aux voitures de série (LM GT).

Porsche s'est aussi imposé dans les grandes courses d'endurance américaines. À Daytona et Sebring, on ne compte plus le nombre de Porsche aux trois premières places et, dès les débuts de la marque, des 356 y ont décroché des victoires de catégorie. Faisant partie du championnat

En haut *Un Spyder 550 pendant le Championnat européen de montagne IMSA en 1962.*

Ci-dessus *La 908/30 de Leo Kinnunen et Pedro Rodriguez arrive deuxième de la Targa Florio de 1970. La course est alors remportée par leurs coéquipiers Jo Siffert et Brian Redman sur une voiture identique.*

du monde des voitures de sport, ces épreuves ont contribué à offrir bien des titres à la marque de Stuttgart. Avec l'introduction des courses d'endurance de la série American Le Mans, il ne fait aucun doute que Porsche va continuer à étoffer son palmarès aux États-Unis. Les succès n'ont pas non plus manqué dans les courses où la frontière entre voiture de course et routière est moins nette. La Targa Florio, une des courses les plus convoitées des coureurs et des constructeurs, s'est déroulée de 1906 à 1973 sur diverses routes et divers circuits de Sicile. Considérée comme un classique, l'épreuve attire les écuries du monde entier et sa notoriété n'est alors égalée que par celle du Mans. La première victoire acquise par Porsche remonte à 1951 et, de tous les constructeurs, la marque allemande y enregistrera le plus de succès, soit onze premières places, huit deuxièmes et dix troisièmes. En 1959, 1967 et 1969, les Porsche occupent à elles seules le podium. Suspendue en 1973 pour des raisons de sécurité, la course a été relancée depuis et a fait figure d'épreuve exigeante. Elle ne compte plus parmi les épreuves du Championnat du monde, mais des Porsche continuent à y participer par l'intermédiaire d'écuries privées.

Peu suivies hors d'Europe, les courses de côte sont très populaires en Allemagne. Et Porsche n'a pas manqué de s'y distinguer. La marque peut se prévaloir de 20 titres au Championnat d'Europe de montagne et de multiples deuxièmes et troisièmes places, sans compter les victoires hors championnat. Jusqu'en 1962, les voitures engagées sont des 550 Spyder d'origine, mais après une cuisante défaite infligée par Ferrari, Porsche commence à fabriquer des bolides conçus pour cette discipline. On équipe d'abord l'Elva, fabriquée en Grande-Bretagne, du huit cylindres à plat de la 771, avant d'adapter les coupés 904 et les WRS. Mais ces voitures ne sont pas au niveau des redoutables Ferrari, et Ferdinand Piëch se lance dans la conception d'un tout nouveau modèle voiture, un Roadster à châssis tubulaire : le Spyder Ollon-Villars. Considéré aujourd'hui comme l'ancêtre de toutes les Porsche de course et pesant seulement 500 kg, il permet à Porsche de dominer la montagne jusqu'en 1968, malgré des problèmes récurrents de tenue de route. À la fin de l'année, Porsche développe la 909 à partir du même modèle, et de nouveaux perfectionnements aboutissent à l'imbattable 910. Les victoires continuent à s'accumuler mais, à la fin de 1969, Porsche décide de ne plus participer aux courses de côte pour se concentrer sur les autres courses. Même si les équipes de Stuttgart ont déserté la montagne, des écuries privées continuent à engager de nombreuses Porsche dans ces épreuves qui mériteraient plus d'attention des médias.

Les rallyes sont un autre point fort de Porsche. Outre les routes boueuses du rallye RAC, il faut citer les parcours sous la neige des épreuves scandinaves, les longues étapes dans le désert

Ci-contre *La Porsche 356B d'un concurrent hollandais participant au rallye de Monte-Carlo en 1959.*

Ci-dessous *Alain Prost en 1986 à Monaco, en route vers sa 18e victoire en Grand Prix de formule 1. Il pilote la McLaren-TAG MP4/2B, équipée d'un moteur Porsche.*

du Paris-Dakar et des autres parcours de safari, sans oublier des classiques aux caractéristiques plus routières comme le rallye de Monte-Carlo. Les Porsche les ont tous remportés à plusieurs reprises et continuent à le faire tant avec les écuries privées qu'avec l'équipe officielle.

Ayant débuté dans les années 1910, le rallye de Monte-Carlo a lieu tous les ans depuis les années 1920. Cette course unique voit des voitures se battre contre la montre pour rejoindre Monaco en partant de divers pays d'Europe. Jadis épreuve où intervenaient la fiabilité des voitures et des équipages ainsi que leur capacité à parcourir un tracé dans un temps imparti, le Monte-Carlo actuel est une suite d'étapes de liaison et de spéciales de vitesse pure. Porsche n'est pas un novice du fameux rallye. La marque n'a cessé d'y engranger des succès, en particulier en 1978 où de violentes chutes de neige ont eu des effets dévastateurs sur les meilleures voitures. Alors que la plupart des équipages luttent pour améliorer leur adhérence, la Carrera privée pilotée par Jean-Pierre Nicolas et Vincent

Laverne s'envole vers la victoire au grand désespoir des Lancia d'usine. Près de dix ans plus tôt, c'est dans des conditions analogues que l'équipe Porsche, avec Vic Elford et David Stone au volant d'une 911 T, remporte l'épreuve pour la première fois.

Reste à savoir pourquoi Porsche n'est pas engagé aujourd'hui dans les épreuves les plus médiatisées de la saison, les courses internationales de F1. Après tout, dès les années 1960, la marque a déjà eu une belle expérience avec sa 804, équipée d'un huit cylindres refroidi par air. Pilotée par l'Américain Dan Gurney, la voiture n'a remporté qu'une victoire au Grand Prix de France de 1962. Techniquement, elle n'a jamais été au même niveau que ses concurrentes. Ainsi, son alimentation par carburateurs et ses jantes en acier semblaient bien désuètes par rapport aux systèmes à injection et aux roues en alliage utilisés par Lotus comme par les autres écuries. Il a été raconté que ces choix résultaient des restrictions budgétaires imposées par Ferry, qui ne croyait pas au projet. Une meilleure expérience aurait pu faire des merveilles, mais Ferry était plus intéressé par les courses pour voitures de sport que par la formule 1, et la marque décida d'abandonner cette dernière pour se concentrer sur les autres épreuves.

Porsche a fait un retour en formule 1 dans les années 1980 en motorisant la McLaren MP4/2 en fibres de carbone dessinée par John Barnard par un tout nouveau V6 Turbo refroidi par eau de 1,5 litre, conçu par Metzger. Financée par TAG, la mécanique a permis à l'écurie anglaise et à Porsche de remporter trois Championnats du monde. En 1984, les McLaren sont virtuellement imbattables, remportant douze des quinze victoires possibles avec Lauda et Prost au volant, ce dernier devenant champion du monde des pilotes en 1985 et 1986. Porsche continuera à améliorer le moteur, mais les McLaren se montrent moins fiables et ne parviennent pas à décrocher de nouvelles victoires. En 1988, l'écurie anglaise s'associe à Honda, et Porsche disparaît à nouveau des circuits de formule 1. En 1991, sa collaboration avec l'écurie Arrows/Footwork lui coûte fort cher sans apporter les résultats escomptés. Les moteurs seront retirés de la course à mi-saison. Aujourd'hui, Porsche préfère laisser le terrain de la formule 1 à Ferrari, à BMW et à Mercedes.

De même, Indianapolis et son championnat réservé à la série CART n'ont jamais été des terrains de chasse très propices à Porsche. La marque y a plusieurs fois équipé des voitures, dans le but de concourir. La première tentative a lieu en 1979 avec l'écurie Ted Fields'Interscope. Porsche prévoyait d'équiper le châssis Interscope avec une version modifiée de son six cylindres à plat turbo refroidi par eau, avec, pour pilote, le Hawaïen Danny Ongais, surnommé « On the gas » au volant. Mais le projet capote au printemps suivant quand l'US Auto Club décide soudainement de changer les règles en interdisant les moteurs turbo. Porsche se retire mais tente à nouveau sa chance huit ans plus tard avec un Metzger V8, utilisant nombre de techniques empruntées à la mécanique de formule 1 et sponsorisée par TAG. Toutefois, le châssis Porsche n'est pas compétitif et, au début de la saison suivante, l'équipe doit se rabattre sur un châssis March, équipé du même moteur. En dépit d'une lutte acharnée jusqu'à la fin de 1990, la voiture ne l'emporte qu'une seule fois. Ni l'excellent Metzger V8 ni Teo Fabi, le meilleur pilote du moment, n'y peuvent rien. La victoire se refuse obstinément à Porsche.

LES PILOTES ET LEURS VICTOIRES

Les bolides de chez Porsche ont fréquenté quantité de courses et sont passés dans les mains de bien des pilotes, pour certains de véritables stars du volant, courant pour la marque ou à titre indépendant. Savoir que la dernière Porsche vous attend sur la grille ou derrière la ligne de départ, dans un stand ou au pied d'un parcours de montagne, a toujours été une expérience convoitée par tous les aspirants champions. Ici, nous allons présenter certains de ceux – du plus célèbre au presque oublié – qui ont le plus contribué au palmarès impressionnant de Porsche. Les machines qu'ils ont pilotées sont légendaires mais eux aussi méritent d'être salués pour leur courage, leur enthousiasme, leur adresse et leur dévouement.

Page ci-contre
En haut *En 1962, Dan Gurney remporte le Grand Prix de France avec la Porsche 804 n° 30, première victoire de Porsche dans cette épreuve.*
En bas *Huschke von Hanstein (debout) note les observations de Jo Bonnier au Grand Prix d'Allemagne 1962. Bonnier est au volant d'une 804 F8.*

Ci-dessous *Au volant de leur 356/4, Auguste Veuillet et Edmon Mouche remportent la première victoire de catégorie de Porsche au Mans et finissent vingtièmes au classement général.*

Ci-contre *La RSK de Jean Behra court dans sa propre écurie alors que lui-même pilote pour le compte de l'équipe Ferrari !*

En bas *Le Spyder 550 RS de Richard Frankenburg et Helmut Polensky remporte une victoire de catégorie au Mans 1955, et finit quatrième au classement général.*

LES PREMIÈRES ANNÉES : 1950-1960

Tout commence dans les années 1950, peu après le début de la production en série de la 356 (voir chapitre 4). Les candidats pilotes sont alors souvent de riches enthousiastes, recrutés par le directeur des courses et de la communication Huschke von Hanstein, un ancien coureur professionnel qui, dans les premières années, n'hésite pas à participer lui-même aux épreuves, si l'envie lui en prend. Il dispose d'un important réseau d'amis auxquels il recommande et vend les derniers modèles Porsche de course apparus. Ce sont ces voitures que l'on retrouve ensuite dans quantité de compétitions. Il a composé nombre de brillantes équipes maison et a fait leur promotion avec talent.

La première victoire est celle d'Auguste Veuillet (alors importateur Porsche en France) et Édmond Mouche au Mans, en 1951. Après les ennuis de la seconde voiture à l'entraînement, le coupé 356 de Gmünd est la seule Porsche engagée. Avec son moteur d'origine de 1 086 cm^3 et 40 ch, la voiture de série plafonne à 140 km/h. Grâce à des roues couvertes pour diminuer les turbulences et une puissance portée à 46 ch, le modèle de course atteint quant à lui une vitesse maximale de 160 km/h. Durant vingt-quatre heures, celui-ci tourne à une vitesse moyenne de 140 km/h et décroche la vingtième place au classement général.

Un exploit encore plus convaincant suit quelques mois plus tard. Le rallye Liège-Rome-Liège est redoutable pour les hommes et les machines. Traverser l'Europe de bout en bout en passant par les Alpes suppose du courage et de la détermination. Porsche soutient l'événement et y engage ses voitures dès l'origine. La récompense arrive en 1952, quand Helmut Polensky et Walter Schluter se retrouvent premiers au classement général avec un coupé de Gmünd. C'est un véritable exploit pour une voiture dont les concurrentes ont une cylindrée deux fois supérieure. La preuve de la fiabilité, de la maniabilité et de l'excellent comportement des Porsche en montagne est faite. La même année, l'équipe remporte l'exigeant rallye des Alpes à Sestrières et, un an plus tard, Polensky et Schluter offrent à Porsche le titre de Champion d'Europe des rallyes.

En 1953, José Herrarte gagne la classe des 1 500 cm^3 dans la redoutable Carrera Panamericana. En 1954, la dernière édition de la course voit Hans Herrmann faire de même et décrocher une incroyable troisième place au classement général avec un Spyder 550. Seules les puissantes Ferrari 5 litres arrivent à le devancer. Une autre victoire de catégorie est enregistrée au Mans en 1953 – bientôt l'épreuve favorite de Porsche – avec les pilotes maison Richard von Frankenburg et Paul Frere, au volant d'un coupé 550. Quant aux 356, elles continuent à dominer leur catégorie de Monza à Belgrade, en passant par la course sur glace autrichienne de Zell-am-See.

Herrmann, Polensky, Edgar Barth, Helmut Glockner et Umberto Maglioli sont les principaux pilotes de la marque à cette époque. Ils participent aussi bien à des rallyes qu'à des courses d'endurance. Herrmann et Polensky sont engagés au Mans en 1954 mais doivent renoncer pour des problèmes de moteur, tout comme l'autre équipage officiel von Frankenburg et Glockner. L'année n'est guère productive : Porsche ne récolte que quelques victoires de catégorie dans des rallyes. Mais en 1955, von Frankenburg remporte le Championnat d'Allemagne des voitures de sport et décroche une nouvelle victoire de catégorie au Mans, avec Polensky.

En 1956, Porsche s'engage au plus haut niveau et remporte avec panache la Targa Florio grâce à Maglioli et von Hanstein. On raconte que, quelques jours auparavant, Ferry Porsche en personne aurait montré à Maglioli comment tirer toute la quintessence d'une 550 A, une voiture d'à peine 130 ch et 515 kg. Maglioli et Barth s'alignent la même année dans le Grand Prix d'Allemagne en compagnie de la Porsche du pilote indépendant Carel de Beaufort, Barth se classant premier des F2. Ce dernier reste dans l'équipe l'année suivante où il est rejoint par Jean Behra. C'est au volant d'une RSK que Behra l'emporte en 1958 à Reims et, en Allemagne, sur le circuit de l'Avus, avant de quitter l'équipe afin de développer sa propre RSK. Mais l'année suivante, il est mortellement blessé pendant une course disputée en avant-première du Grand Prix d'Allemagne.

Chez Porsche, Wolfgang von Trips lui succède avec, entre autres, Jo Bonnier et Graham Hill comme nouveaux membres de l'équipe en 1959. Mais, en dehors d'une exceptionnelle victoire dans la Targa Florio, où Porsche rafle les quatre premières places, ils enregistrent peu de victoires majeures. Après avoir fait équipe avec Wolfgang Siedel dans la Targa Florio, Barth remporte pour Porsche le Championnat d'Europe de montagne, un exploit qu'il répétera par deux fois en 1963 et 1964.

L'ASCENSION D'UNE MARQUE : LES ANNÉES 1960

Avec la nouvelle décennie, de nouveaux visages apparaissent. Von Trips passe chez Ferrari et est remplacé en formule 1 par Herrmann qui pilote plusieurs versions de la 718. C'est sur une RS 60 qu'il remporte la Targa Florio, avec Bonnier comme copilote, Gendebien se classant troisième. Mais cette même année 1960, les Porsche privées remportent plus de victoires que l'équipe d'usine. Le châssis de la 718 équipe de nombreuses formules 2 y compris celle de Rob Walker avec Stirling Moss au volant, ainsi que les voitures de l'équipe belge dont fait partie Olivier Gendebien. Pour les Porsche, la victoire la plus convaincante est alors un triplé gagnant

Ci-contre *Dan Gurney au volant d'une 804 pendant le Grand Prix d'Angleterre 1962 à Aintree, où il finit neuvième.*

Ci-dessus *La Porsche 904 d'Antonio Pucci et Colin Davis négociant un virage en Sicile avant de remporter la Targa Florio 1964.*

à Aintree pour le BARC 200 avec, dans l'ordre, Moss pour l'écurie Walker, devançant Bonnier et Hill pour l'écurie Porsche. D'autres victoires en formule 2 suivent au Grand Prix d'Allemagne (cette année-là réservée aux F2). Bonnier et Hill y sont premier et quatrième pour Porsche, von Trips se classant deuxième sur une Porsche privée. Les trois voitures sont des dérivées de la 718. Hill remporte plusieurs victoires de catégorie pour Porsche, avec Barth dans la Targa Florio, et seul à Goodwood (sur 356 Carrera), mais les grandes victoires font défaut.

Avec la RS61, dérivée de la 718, pour arme en formule 1, la saison 1961 s'annonce sous les meilleurs auspices. Porsche conserve Bonnier et Herrmann, mais après le départ de Hill, l'équipe intègre l'Américain Dan Gurney (il rencontre alors sa femme Evi, travaillant au service de presse du baron von Hanstein). Mais l'équipe ne répond pas aux attentes, même si Gurney remporte trois deuxièmes places et se classe troisième du Championnat avec Moss. Porsche est même devancé par Ferrari dans la Targa Florio. La marque de Stuttgart doit se contenter de la deuxième place avec Gurney et Bonnier et de la troisième avec Barth et Herrmann. En 1962, les RS 61 sont vendues à des écuries privées et l'équipe maison aligne sa toute nouvelle 804. À son volant, Gurney remporte le Grand Prix de France à Rouen, une première victoire en F1 pour lui comme pour Porsche. La semaine suivante, Gurney et Bonnier décrochent un doublé gagnant à Stuttgart, mais la série des victoires s'arrête là. L'introduction de nouvelles règles amène Porsche à se retirer de la F1 pour se concentrer sur les autres courses.

Bonnier remporte à nouveau la Targa Florio en 1963, avec Carlo Abarte. Porsche prend également la troisième place avec Barth et Herbert Linge. En 1964, une 904 se classe première grâce aux mains expertes d'Antonio Pucci et de Colin Davis. En 1965, Porsche est devancé par Ferrari mais se classe troisième avec une 904 conduite par Linge et Maglioli pour l'emporter à nouveau l'année suivante grâce à une 906 Carrera 6 pilotée par Herbert Müller et Willy Mairesse.

Les victoires s'accumulent en 1968 avec la 907. Porsche triomphe à Daytona (Vic Elford/Jochen Neerpasch/Jo Siffert/Rolf Stommelen), aux Douze Heures de Sebring (Herrmann/Siffert), aux 1 000 km du Nürburgring (Elford/Siffert) et dans la Targa Florio (Maglioli, disputant là sa dernière course, avec Elford). L'habituel duel Ferrari-Porsche se

poursuit ainsi jusqu'au début des années 1970, avec l'arrivée d'Alfa Romeo parmi les prétendants à la victoire.

En 1969, le règne des sportives et en particulier des Porsche est sans partage. La 908 de Siffert et Redman remporte les cinq manches du Championnat du monde des voitures de sport, bien secondée par Elford et Kurt Ahmens. Parallèlement, les petits Bergspyder 718 continuent à dominer les courses de côte avec de nombreux pilotes. Un jour tragique vient cependant endeuiller les courses à Rosfeld, en 1968. Ludovico Scarfiotti, pilote d'usine avec un double programme F1/courses de côte, perd le contrôle de son Bergspyder, sort de la route et meurt sur le coup en percutant un arbre. Des problèmes avec la commande d'accélérateur furent évoqués pour expliquer l'accident mais plusieurs témoignages concordent pour dire que Scarfiotti, déjà très affecté par la mort récente de son ami et ancien chef d'équipe Lorenzo Bandini, a délibérément quitté la route pour ne pas blesser un autre concurrent allongé sur la chaussée à la suite d'un accident survenu quelques minutes auparavant.

Dans les années 1960, Porsche se distingue aussi en rallye, avec la Carrera de Hans-Joachim Walter, puis avec la 911 qui remporte le Tour de Corse en 1967 grâce à Vic Elford, et la victoire en GT au rallye de Monte-Carlo avec David Stone. L'année suivante, les deux hommes gagnent la même course haut la main, suivis par une autre Porsche conduite par Pauli Toivonen, futur champion d'Europe. Dès son arrivée chez Porsche, Bjørn Waldegaard prend leur succession au rallye de Monte-Carlo et gagne aussi le rallye de Suède, une redoutable course sur neige.

En haut *Bjørn Waldegaard en route vers une nouvelle victoire au rallye de Monte-Carlo 1969.*

Ci-dessus *La Porsche 917n°23 de Schutz et Mitter fait une apparition au Mans en 1969. Leur coéquipier Vic Elford réalise le tour le plus rapide de l'épreuve au volant du n° 12 mais aucune des deux voitures ne termine la course.*

En haut *Sponsorisée par Martini, la 917 de Gérard Larrousse et Vic Elford est talonnée par la même voiture aux couleurs de Gulf Wyer sur le circuit du Mans en 1971. La course est remportée par l'autre Porsche Martini de Helmut Marko et Gijs Van Lennep.*

Ci-dessus *La 917/10 a été conçue pour les courses CanAm mais se distingue aussi dans le championnat Intersérie. Il s'agit ici du modèle 1973 de Leo Kinnunen.*

LES ANNÉES 1970

Cette décennie marque pour Porsche le début d'une série incessante de victoires. Dès 1970, la 917 enrichit son palmarès d'une victoire éclatante au Mans grâce à Herrmann et Attwood sur une voiture de l'équipe de Salzbourg (propriété de Louise Piëch) et une première place au Championnat du monde d'endurance. La réussite de ce modèle d'exception se mesure au Mans où, sur 51 concurrents, 24 sont des Porsche, avec un tiers de 917 ! Dans cette année faste, Porsche remporte aussi le Championnat du monde des marques, la Targa Florio avec Siffert et Redman sur 908, sans compter de nombreux succès en IMSA, CanAm et TransAm, avec une très remarquée seconde place pour Steve McQueen (avec Peter Revson) à Sebring, toujours sur 908. Enfin, Porsche gagne le rallye de Monte-Carlo pour la troisième fois consécutive avec Waldegaard sur 911S.

1971 voit Porsche rééditer sa victoire du Mans avec Helmut Marko et Gijs Van Lennep, premiers sur la Porsche Martini avec une moyenne record de 222 km/h. Ahrens et Elford gagnent les 1 000 km du Nürburgring, une épreuve remportée pour la troisième victoire consécutive par Porsche. Associé à Larrousse, Elford s'impose aux Douze Heures de Sebring sur 917K. La collection de trophées de Zuffenhausen fait alors plus d'un envieux. Loin de se limiter aux épreuves européennes, la marque engage ses 917/10 dans les courses CanAm, sous la bannière de l'écurie L&M, et décroche la première et la troisième place.

Porsche participe depuis 1969 aux courses américaines à la demande de son représentant nord-américain Josef Hoppen. Utilisant une version découverte de la voiture du Mans, Jo Siffert attire l'attention en décrochant une quatrième place au classement général CanAm après deux ans de courses. Malheureusement, le pilote suisse se tue en 1971 dans un accident de formule 1 et ne verra pas la razzia opérée en 1972, la première d'une série, son équipe dominant cette compétition durant plusieurs années. Il en va de même pour le favori Mark Donohue, blessé à l'entraînement et contraint de regarder son remplaçant George

Follmer récolter les honneurs à sa place avec nombre de pilotes privés sur des 917 atmosphériques. On peut citer entre autres Peter Gregg, pour l'écurie rivale Brumos Porsche, qui finit troisième. Ce pilote prolifique, avec 41 victoires aux États-Unis dans les séries GTU et GTO, va encore se distinguer sur Porsche, notamment dans le Championnat IMSA GT où il remportera quatre titres.

De retour dans la CanAm en 1973 avec la 917/30, Donohue affronte les 917 des écuries privées, dans les premières manches, avant de prendre l'avantage à la mi-saison. Malheureusement, à la fin de 1973, à la suite de nouveaux règlements contraignant les 917 à courir avec une pression de suralimentation trop faible, Porsche se retire de la compétition. La marque fait un bref retour dans le Mid-Ohio en 1974, où Redman finit deuxième. Dans l'intervalle, les 917 courent aussi en Europe et aux États-Unis dans le Championnat Intersérie qu'elles remportent en 1974 et 1975. En 1973, pour ne pas être en reste, les 911RSR gagnent les Vingt-Quatre Heures de Daytona et plusieurs épreuves de l'IMSA sous les couleurs de l'écurie Brumos. Dans le Championnat Trans-Am, Gregg coiffe son coéquipier Al Holbert sur le poteau, tous deux roulant sur Carrera RSR. Enfin, Lennep et Müller entrent dans l'histoire en remportant la dernière édition de la Targa Florio également sur Carrera RSR, attribuant ainsi pour l'éternité le fameux titre à Porsche.

Toujours en 1973, Porsche réussit un coup de maître en réalisant un triplé gagnant à Silverstone dans le Championnat Intersérie avec des 917/10 Turbo conduites par Leo Kinnunen, Willy Kauhsen et Georg Loos, les quatrième et sixième places étant décrochées par Ernst Kraus et Gunter Stekkonig, sur une version sans turbo. Les pilotes se répartissent dans quatre écuries, Khausen et Stekkonig étant intégrés à l'équipe Khausen qui en est à sa première saison. L'année précédente, Khausen et Kinnunen s'étaient âprement battus pour le compte d'écuries différentes. Tous ceux qui ont assisté à ces luttes acharnées s'en souviennent aujourd'hui encore, comme ils se rappellent les 1 000 km du Nürburgring en 1971, épreuve que Porsche a marquée de sa totale domination. Seules quatre voitures d'autres marques sont parvenues à s'infiltrer dans les vingt premières places.

Au milieu des années 1970, Porsche continue à dominer à la fois les courses et les rallyes par une suite de succès trop longue pour pouvoir être détaillée ici. La double victoire au Championnat du monde 1976 avec une 935 et une 936 (groupes 5 et 6) doit être rangée au nombre des plus grands exploits de la marque avec la victoire au Mans en 1977. Cette dernière est le fait d'une tradition familiale. Le vainqueur Jurgen Barth, fils du pilote Porsche Edgar Barth, intègre l'écurie Porsche quelques années auparavant mais célèbre là sa première victoire avec Jacky Ickx et Hurley Haywood comme copilotes. Ce succès a une histoire. L'équipe Ickx/Pescarolo doit vite renoncer suite à des problèmes mécaniques. Jurgen Barth propose à Ickx de le rejoindre sur sa voiture alors en quinzième position. Au prix d'efforts surhumains, Ickx, soutenu par toute l'équipe, remonte jusqu'à la première place. Peu avant l'arrivée, il demande à Jürgen Barth de faire le dernier tour, cette fois sur cinq cylindres, du fait d'une nouvelle avarie ! Après cet exploit, Ickx sera fait citoyen d'honneur du Mans.

En-haut *La Carrera RSR Turbo d'Herbert Müller et Gijs Van Lennep se classe deuxième au Mans en 1974.*

Ci-dessus *Une 911 Carrera sur les routes enneigées du rallye de Monte-Carlo, en 1979.*

Dans l'intervalle, le talentueux Jean-Pierre Nicolas impose pour la quatrième fois une 911 dans le rallye de Monte-Carlo en 1978, au volant d'une Carrera 3 litres louée en dernière minute chez Almeras et repeinte aux couleurs gitanes. Cette même année, Redman, Garretson et Charles Mendez remportent aux États-Unis les Douze Heures de Sebring sur 935. À la fin de la décennie, l'arrivée de Klaus Ludwig se solde par deux victoires au Championnat d'Allemagne, plusieurs titres en endurance et une nouvelle victoire au Mans en 1979 acquise à bord d'une 935 sur un circuit détrempé. Après un passage chez Ford, il gagne encore deux fois les Vingt-Quatre Heures pour le compte de l'équipe Joest-Porsche en 1984 et 1985.

LES ANNÉES 1980 OU LA PERCÉE EN F1

1981 voit pour la première fois Porsche s'asseoir à la table du Championnat de formule 1, quand le patron de McLaren, Ron Dennis, demande à l'équipe de Stuttgart de concevoir un moteur turbo. Porsche exige avant toute chose un financement extérieur. Heureusement, Dennis parvient à convaincre TAG d'investir 5 millions de dollars dans le développement d'un V6 Turbo de 1,5 litre et voilà le moteur Porsche-TAG lancé. Il fait ses premières armes à l'occasion du Grand Prix de Hollande en 1983 et, l'année suivante, il permet à Niki Lauda et Alain Prost de dominer le Championnat du monde de F1 en totalisant douze victoires en seize courses. Lauda devient champion du monde des pilotes et McLaren remporte le titre des constructeurs. En 1985, l'équipe remporte six victoires et les deux titres mondiaux. Mais en 1986, les moteurs Williams-Honda se montrent très compétitifs, et McLaren gagne seulement quatre épreuves. Prost parvient à décrocher le titre de champion du monde des pilotes pour la deuxième fois, mais c'est Williams qui remporte le titre des constructeurs. L'hégémonie des McLaren-TAG touche à sa fin. 1987 est la dernière saison des moteurs TAG et même si Prost gagne trois courses, la voiture n'est plus vraiment à la hauteur.

Parallèlement, Porsche remporte son premier Championnat du monde en groupe C en 1982 avec la 956, élue voiture de sport de l'année. Au Mans, la 956 d'usine domine la course, Ickx décrochant à nouveau la victoire avec son copilote Derek Bell. Les autres Porsche finissent deuxième et cinquième. De l'autre côté de l'océan, une Porsche 935 remporte les Douze Heures de Sebring. Un an plus tard, la nouvelle 934 rafle la couronne, cette fois avec une écurie privée, les Américains Jim Mullen et Wayne Beker partageant le volant avec le Canadien Kees Nierop. C'est un véritable exploit pour la petite 934 qui consolide au passage la suprématie Porsche acquise sur le terrain depuis treize ans (1976-1988), terrain sur lequel la marque allemande peut revendiquer le record absolu des victoires (dix-sept à ce jour).

Ickx et Bell ratent de peu la victoire aux Vingt-Quatre Heures de 1983. Leur moteur prend feu et l'autre Porsche conduite par Holbert, Haywood et Vern Schuppan, les coiffe à

Ci-contre *La fameuse « Jules n° 11 » vaut à Porsche une autre victoire au Mans en 1981 avec Jacky Ickx et Derek Bell au volant.*

quelques encablures de l'arrivée. Cela n'empêche pas Porsche de remporter neuf des dix premières places et de répéter l'exploit en 1984 avec Klaus Ludwig à la première place. C'est alors le début d'une période faste. En 1985, avec l'arrivée de la 962 et les 956 toujours compétitives, Porsche rafle huit places sur les dix premières. En 1986, la 962 décroche la première des deux victoires de l'équipe formée par Bell, Holbert et Hans-Joachim Stuck. Ce sont les derniers succès de Porsche avant que Jaguar ne prenne la première place en 1988. Mais la marque de Stuttgart a réussi une surprenante série de sept victoires et l'a emporté dix années sur douze avec Ickx faisant souvent partie de l'équipe.

C'est Ickx qui souffle à Porsche l'idée que la 959 serait idéale pour le Paris-Dakar, déjà remporté par Mercedes. Le constructeur décide de relever le défi. En 1984, il greffe sur des 911 quelques pièces mécaniques de la 959 (comme ses organes de transmission) et se lance dans la course pour la remporter avec René Metge et Antoine Lemoine au volant, alors que Ickx et son copilote Claude Brasseur gagnent plusieurs étapes et se classent à une

Ci-dessus, à gauche *Niki Lauda mène la McLaren-TAG MP4/2 à une nouvelle victoire, sur le circuit de Brands Hatch, en 1984.*

Ci-dessus *Le moteur Porsche, financé par TAG, propulse les McLaren au firmament de la formule 1 au milieu des années 1980.*

Ci-dessous *La 956B de l'écurie Joest-Porsche pilotée par Klaus Ludwig, John Winter et Paulo Barilla remporte les Vingt-Quatre Heures du Mans en 1985, huit Porsche se classant en tête de la course.*

Ci-dessus *La 959 en livrée Rothmans remporte la victoire au Paris-Dakar et au rallye des Pharaons 1984.*

Ci-dessous *Porsche a mis au point ce moteur pour les courses Indycar. Il équipe un châssis March en 1988. Malheureusement, la combinaison se révèle décevante et les voitures sont retirées de la compétition en 1990.*

honorable sixième place. La voiture de tête est un tel hybride qu'on la présente comme une 911 4 x 4, une 911 Carrera 3,2 litres à quatre roues motrices, une 953 ou même une 911/59 ! C'est la première sportive à se mesurer aux vrais 4 x 4 et à l'emporter. Quelques mois plus tard, la marque confirme son succès en gagnant le rallye des Pharaons en Égypte. En 1985, les Porsche sont victimes d'une foule de problèmes techniques. Mais, dès 1986, les 959 sont de retour avec un doublé en tête du Dakar. En devançant Ickx, Metge donne sa seconde victoire à Porsche et remporte le rallye pour la troisième fois.

À ce stade, Le Mans fait figure de chasse gardée, Porsche a démontré son savoir-faire en rallyes et la Targo Florio a perdu tout intérêt. La marque n'ayant aucun projet en F1, ses dirigeants se tournent vers les courses IndyCar aux États-Unis. En 1987, Porsche présente le châssis 2708 conçu à Stuttgart mais fabriqué à Munich par Messerschmitt Bolkow Blohm. Avec l'excellent pilote Al Unser comme chef d'équipe, la voiture se montre cependant décevante et l'année suivante Porsche adopte un châssis March et engage le pilote Teo Fabri. La voiture enregistre une victoire au Mid-Ohio en 1989, mais l'expérience se révèle coûteuse et peu productive. À la fin de 1990, Porsche stoppe donc le programme et annonce son retour à la F1 avec un nouveau V12 pour l'écurie Arrows/Footwork. Le choix est encore plus désastreux. Avec l'abandon du moteur par l'équipe à la mi-saison, Porsche se résigne à admettre son incapacité à concourir dans cette catégorie et se concentre sur ses domaines d'excellence.

LES ANNÉES 1990

Les années 1990 commencent par la victoire d'une 962 aux Vingt-Quatre Heures de Daytona avec l'équipe John Winter, Pescarolo, Haywood et Wollek. Mais la 962 n'est pas aussi convaincante dans les autres courses. Bien qu'une voiture sur deux engagée dans le

Championnat du monde des voitures de sport soit une 962, les Porsche, dominées par les Jaguar, n'arrivent pas à se classer dans les cinq premières places. De nombreuses équipes cherchent à améliorer le modèle sans beaucoup de résultats et, dans les années qui suivent, il disparaît peu à peu de la liste des engagés. La présence d'une équipe Porsche aurait pu changer les choses, mais les difficultés financières de la marque l'obligent à faire des économies.

Pendant ce temps, au sein des diverses instances du sport automobile, le mécontentement grandit au sujet des spécifications (avantageuses pour Porsche) qui dominent Le Mans et d'autres épreuves similaires. L'histoire semble se répéter. Voilà longtemps, le règlement avait été changé au moment même où Porsche engrangeait des victoires méritées, provoquant le retrait de la marque de plusieurs épreuves. Cette fois, le constructeur réagit autrement et décide de créer une série d'épreuves réservées à la marque, où pilotes et propriétaires de Porsche pourront s'affronter. La décision enflamme les esprits des coureurs et des fans, et la Porsche Supercup comme la Carrera Cup sont de vrais succès. Elles permettent entre autres de révéler de futurs pilotes de formule 1 ou de rallye qui, sans cela, n'auraient pas eu l'occasion de courir.

Le Mans continue bien sûr à être un des terrains de prédilection pour Porsche, tant pour l'équipe maison que pour les écuries privées. L'écurie Dauer et ses Porsche 962 l'emportent en 1994 avec Yannick Dalmas, Hurley Haywood et Mauro Baldini, une seconde voiture décrochant la troisième place. En 1966, Porsche réalise à nouveau un triplé gagnant avec en première place la Porsche TWR d'Alex Wurz (futur coureur de formule 1), Davy Jones et Manuel Reuter, suivie par les GT1 de l'équipe Porsche (voir chapitre 9 pour l'histoire du modèle). La GT1 remporte ensuite les trois manches du Championnat d'endurance BPR, dont la course de Brands Hatch, avec Thierry Boutsen et Stuck au volant. Les GT1 ne pourront par ailleurs participer qu'à ces trois courses avant d'en être exclues l'année suivante quand le Championnat BPR se transforme en Championnat FIA GT. Les Porsche GT2 de l'écurie Roock décrochent la deuxième place au classement général mais il leur faut à nouveau affronter les imbattables McLaren F1.

Les GT1 reviennent au Mans en 1997, mais sont à nouveau battues par les petites Porsche TWR de l'écurie Joest, avec Michele Alboreto, Stefan Johansson et Tom Kristensen au volant. Un an plus tard, les GT1 engagées par Porsche s'imposent enfin à l'issue d'une des plus belles éditions et prennent les deux premières places, la voiture de tête étant pilotée par Allan McNish (aujourd'hui dans l'équipe de formule 1 Toyota), Laurent Aiello et Stephane Ortelli. Depuis, les Porsche n'ont plus brillé au classement général, remportant seulement des victoires de catégorie. Mais leur heure finira par revenir.

Ci-dessous *La GT1 1996 de Hans Stuck et Thierry Boutsen en route vers la victoire sur le circuit de Brands Hatch dans le BPR Global GT Challenge.*

Ci-dessus *La Porsche de Christophe Bouchut, dérivée de la 993, engagée dans les épreuves de la Supercup française en 1995.*

Ci-dessous *Une des Porsche GT2 de l'écurie Roock Racing, engagée à Donnington en 1998.*

Les GT ont d'abord été engagées dans le nouveau Championnat FIA GT, où les McLaren elles-mêmes sont dominées par les Mercedes CLK. À la fin de 1997, Porsche réussit à monter sur la dernière marche du podium à Laguna Seca, grâce aux voitures de Dalmas/McNish et Wollek/Müller, alors que la GT2 de Bruno Eichmann termine deuxième de sa catégorie. Pendant presque toute la saison 1998, les GT1 engagées par Porsche figurent à la deuxième et troisième place avec, à la clef, une seconde place au championnat. Les choses se présentent donc bien pour 1999 mais, juste avant le début de la saison, un nouveau changement de règlement vient exclure les GT1. L'équipe Porsche décide de quitter le championnat. Ses couleurs sont néanmoins défendues par une horde de GT2 privées, mais les Chrysler Viper l'emportent presque sans coup férir à l'issue d'une saison ennuyeuse. L'écurie Freisinger finit certes troisième au championnat mais ses 23 points ne peuvent rivaliser avec les 136 de Chrysler.

L'HÉRITAGE AUJOURD'HUI

Porsche entre dans le XXIe siècle en pleine lutte. Dominés au classement général par une série d'adversaires bien décidés à engranger les lauriers dans les disciplines où il s'est engagé, le constructeur de Stuttgart est tout de même parvenu à décrocher des victoires de catégorie et à enrichir son palmarès. En 2000, Le Mans a vu la victoire en classe GT de Müller, Luhr et Wollek pour l'équipe Barbour-Porsche, avec une treizième place au classement général. La fiabilité des Porsche a été prouvée une fois encore, 8 des 14 voitures engagées ayant franchi la ligne d'arrivée, un pourcentage supérieur au résultat habituel. Dans les Douze Heures de Sebring, épreuve faisant partie de la série American Le Mans, Porsche a réalisé un triplé. Müller et Luhr se sont classés en tête des GT et dixième du classement général. À bord de leur 911 GT3-R, l'Américain David Murry et l'Anglais Johnny Mowlem sont arrivés seconds des GT alors que Haywood, Craig Stanton et Joel Reiser ont décroché la troisième place. Plus de 50 % des Porsche participantes ont à nouveau franchi la ligne d'arrivée.

Dans les épreuves de la FIA GT, la GT2 de Freisinger, conduite par Wolfgang Kaufmann et Bob Wollek, a terminé deuxième à Monza, réussissant à battre plusieurs Chrysler pour la première fois depuis deux ans. Cette performance a marqué un tournant, Kaufmann

Ci-dessus La 911 GT3 2002, conçue pour courir la Supercup en Allemagne, en France et au Japon. Ces épreuves voient s'affronter des voitures identiques, ce qui permet de mettre en valeur les qualités du pilote et de l'écurie qui l'engage.

décrochant une troisième place avec Grasser sur la A1-Ring avant de l'emporter dans les 500 km du Lausatzring, finissant la saison en septième position au championnat des pilotes. Soudain Porsche semble à nouveau dans la course, luttant contre les Chrysler Viper et les Lister Storm. Mais le résultat ne va pas au-delà du spectacle. Les GT3 constituent une classe séparée (N-GT) et les points sont comptabilisés dans un tableau dans lequel ne concourrent que des 911 GT3-R, sorte d'évolution de la voiture disputant la Supercup.

La Supercup Porsche Pirelli est devenue un classique. Particularité de l'épreuve, les dix manches précèdent immédiatement une course de formule 1. Ce choix assure une publicité maximale et augmente l'enjeu pour les pilotes. L'événement en est à sa dixième édition. Reconnue comme la plus rapide des courses monomarques, elle offre aux futures stars des courses une excellente occasion d'acquérir de l'expérience. Les concurrents conduisent tous des 911 GT3 aux mêmes spécifications : moteur six cylindres de 3,6 litres, 370 ch et accélération de 0 à 100 km/h en 4,2 s. Pirelli fournit deux jeux de pneus par course, chacune se déroulant sur une distance d'environ 70 km. Depuis 2001, une Coupe Porsche Carrera nationale se dispute au Japon, en soutien au Championnat japonais des GT. L'initiative fait suite à la mise en place réussie de telles formules en 1989 en Allemagne et en 1991 en France. Les courses sont le plus souvent des sprints qui, selon les lieux, durent environ 30 minutes. Elles font figure de banc d'essai pour les pilotes. Dirk Müller a remporté la Carrera Cup comme membre de l'équipe UPS junior de Porsche, son coéquipier Lucas Luhr faisant de même en 1999. Tous deux ont depuis été engagés comme pilotes par la marque pour disputer la série American Le Mans. Les Boxster, les 911 et autres 935 continuent à courir sur les circuits et les routes du monde entier, dans les montagnes et les déserts, sur le sable, dans la boue, la neige et l'eau.
Les anciens modèles se retrouvent sur le circuit de Goodwood ou dans d'autres réunions pour collectionneurs. Conduites par les meilleurs, les Porsche sont souvent les plus acclamées. Sur la route de tous les jours, il arrive qu'un des modèles de la marque vous dépasse en trombe, engagé dans un *run* couru en toute illégalité. Citez une épreuve au hasard, vous êtes presque sûr d'y retrouver une Porsche.

CHRONOLOGIE DES MODÈLES

Les 356

Dimensions : empattement 2 100 mm ; longueur entre 3 850 mm (1950) et 4 010 mm (1959) ; largeur 1 660 mm

1948-1949 : Coupés « Gmünd »
Ce sont les prédécesseurs directs des 356. Leur production commence en juillet 1948. La carrosserie en aluminium emprunte toute sa mécanique à une Volkswagen, de la boîte de vitesses à la suspension par barres de torsion, en passant, bien sûr, par le moteur dérivé de celui de la Coccinelle. Freins à tambour sur les quatre roues.

1950 : pré-A 356
Après le déménagement à Stuttgart, la carrosserie de la 356, fabriquée en acier, confère au modèle une ligne de caisse plus haute que celle des coupés « Gmünd » et adopte un toit caractéristique en V pour s'adapter au pare-brise. Le moteur de 1,1 litre développe 40 ch. Il est désormais secondé par une boîte de vitesses Porsche.

1955-1959 : 356A
Dotés de nouveaux moteurs, de suspensions revues, d'un nouveau pare-brise courbe remplaçant l'ancien en V qui limitait le champ de vision. Revêtement en vinyle à l'intérieur et tableau de bord redessiné. Une nouvelle boîte de vitesses apparaît en 1957.

1955 : Carrera à double arbre
Lancée au Salon de Francfort 1955. Les moteurs sont directement dérivés de la technologie des courses, les modèles GT étant destinés à la compétition. Carter sec, taux de compression réduit et régime-moteur bien supérieur aux 356A. La carrosserie est allégée, ce qui contribue à améliorer le rapport poids/puissance du véhicule, remarquable pour l'époque.

1959-1963 : 356B
Le moteur de 1 600 cm^3 de 90 ch a été développé pour la Super 90, équipée d'une nouvelle suspension arrière pour améliorer la tenue de route. Pare-chocs, phares avant et nombreux détails intérieurs modifiés. Nombreux changements supplémentaires en 1961, dont deux prises d'air.

1963 : 356C
Moteurs modifiés, embrayage renforcé sur les modèles de 75 et 95 ch, quatre freins à disque, ressorts arrière dits « à compensation » en option, pas de changements extérieurs mais modifications de détail à l'intérieur.

Ci-dessous *Plusieurs générations séparent ces deux voitures mais elles sont, à n'en pas douter, de la même famille : la première 356 pose à côté d'un Cabriolet 911 de 1998.*

Les 911

1963 : Présérie
1964 : Première année de production
1964-1967 : Empattement 2211 mm ; longueur 4 163 mm ; largeur 1 610 mm. 911 (baptisée très peu de temps 901) présentée au Salon de Francfort 1963, mise en vente en 1964 avec un six cylindres 2 litres. La version Targa apparaît au début de 1967.

1967-1968 : séries A ; millésime 1968
Nouvelle monte pneumatique. La 911L hérite des disques ventilés de la 911S. Boîte Sportomatic quatre vitesses à partir de 1967. Targa disponible avec une vitre arrière en verre à partir de 1968.

1968-1969 : séries B ; millésime 1969
L'empattement est rallongé de 57 mm pour améliorer la stabilité à haute vitesse. Apparition de deux batteries à 35 ampères (au lieu d'une), disposées à l'avant. Les modèles S et E sont équipés d'un système d'injection mécanique Bosch. Tous les modèles sont disponibles en version Targa.

1969-1970 : séries C ; millésime 1970
La cylindrée est portée à 2,2 litres par augmentation de l'alésage, la course restant inchangée. Disque d'embrayage porté à 225 mm. La transmission Sportomatic n'est plus proposée en option sur la 911 S. Point supérieur d'attache de suspension avant avancé de 14 mm. Tous les modèles sont disponibles en version Targa.

1970-1971 : séries D ; millésime 1971
Principales modifications : plancher intégrant des parties en acier galvanisé, traitement PVC. Tous les modèles sont disponibles en version Targa.

1971-1972 : séries E ; millésime 1972
Course du moteur portée à 70,4 mm, cylindrée passant à 2,4 litres. Baisse du taux de compression pour permettre l'utilisation d'essence normale. Nouvelle boîte adaptée à l'augmentation du couple moteur. Bouchon de remplissage d'huile placé entre la porte et la roue arrière. Roues Fuchs sur tous les modèles. Tous les modèles sont disponibles en version Targa.

1972-1973 : séries F ; millésime 1973
Empattement 2 270 mm. L'orifice de remplissage d'huile adopté l'année précédente est déplacé pour éviter toute confusion avec le bouchon du réservoir d'essence. Introduction d'un *spoiler* avant pour réduire le phénomène de délestage des roues avant (en option sur les modèles T et E), divers choix de roues possibles. La légendaire Carrera 2.7 RS est la première à être équipée du becquet en « queue de canard ». Tous les modèles sont disponibles en Targa, à l'exception de la RS.

1973-1974 : séries G ; millésime 1974
Accroissement de la longueur dû à l'adoption de nouveaux pare-chocs plus efficaces pour répondre à la législation américaine. Habillage noir de l'intérieur de la Carrera. Tous les modèles sont disponibles en version Targa.

1974-1975 : séries H ; millésime 1975
Version Turbo introduite au début 1975 avec une boîte quatre vitesses mais avec des rapports de transmission plus longs que ceux du reste de la gamme. Le becquet en « queue de canard » cède la place à un aileron plat sur les Carrera. Lancement du modèle d'anniversaire, 1 063 seront produits.

1975-1976 : séries I ; millésime 1976
Toutes les 911 reçoivent une carrosserie en acier galvanisé et sont équipées d'un système d'injection Bosch K-Jetronic. La transmission Sportomatic passe de quatre à trois vitesses.

1976-1977 : séries J ; millésime 1977
Les voiture équipées d'une transmission Sportomatic reçoivent un servofrein. Habillage intérieur noir standard pour les Targa.

1977-1979 : séries K et L (SC) ; millésime 1978-1979
Les Super Carrera (ou SC) sont le fruit du mariage entre une 911 et un moteur 3 litres. Servofrein pour tous les modèles. Les Turbo passent de 3 litres à 3,3 litres avec un refroidisseur d'air de suralimentation et adoptent une nouvelle forme d'aileron arrière.

1979-1980 : SC (nouvelles séries A) ; millésime 1980
Un nouveau diagramme d'allumage et d'ouverture des soupapes porte la puissance de la SC à 188 ch. Les Turbo sont équipées de deux sorties d'échappement.

1980-1981 : SC (nouvelles séries B) ; millésime 1981
Modifications importantes, dont notamment : première année d'utilisation chez Porsche du système international de numérotation des châssis à dix-sept chiffres. Les SC roulent à présent avec de l'essence à l'indice d'octane 98.

1981-1982 : SC (nouvelles séries C) ; millésime 1982
Mise en vente de l'édition limitée « Ferry Porsche ». Aileron arrière en option sur la SC.

1982-1983 : SC (nouvelles séries D) ; millésime 1983
Début de la production du Cabriolet.

1983-1984 : Carrera (nouvelles séries E) ; millésime 1984
L'appellation Carrera remplace la dénomination SC. L'augmentation de l'alésage et de la course des moteurs porte leur cylindrée à 3 164 cm^3. Introduction d'un système de gestion électronique du moteur et d'un tendeur de chaîne hydraulique. Carrosserie Turbo-Look disponible pour les 911. Pénalisant la voiture non seulement en raison d'un supplément de poids estimable à 50 kg mais aussi d'une dégradation du coefficient de pénétration par la faute de l'élargissement de la carrosserie (voies avant/arrière : 1 433/1 499 mm).

1984-1985 : Carrera (nouvelles séries F) ; millésime 1985
Principales modifications : moteur de Carrera disponible avec un pot catalytique et un taux de compression

abaissé, développant 207 ch. Volant à quatre branches pour tous les modèles. Option Turbo-Look disponible pour la 911.

1985-1986 : Carrera (nouvelles séries G) ; millésime 1986
Sièges sport en option gratuite.

1986-1987 : Carrera (nouvelles séries H) ; millésime 1987
Moteur turbo disponible sur les Targa et les Cabriolet pour la première fois. Ailes plongeantes et nez plat *(Slat-nose)* en option. La boîte de vitesses de 915 est remplacée par une Getrag- G50. Toit à commande électrique en série sur les Cabriolet.

1987-1988 : Carrera (nouvelles J séries) ; millésime 1988
Lancement d'un modèle anniversaire et de la Club Sport, allégée de 50 kg. Puissance des moteurs portée à 241 ch.

1988-1989 : Carrera (nouvelles K séries) ; millésime 1989
Les jantes de 16 pouces font partie de l'équipement standard. Le Speedster est lancé avec, au choix, une carrosserie à l'allure classique ou avec le Turbo-Look.

1988-1989 : 964 ; millésime 1989
Lancement en janvier 1989 de la 964, avec un moteur, une suspension, des freins et nombre de pièces de carrosserie largement modifiés. Porsche annonce que seulement 13 % des pièces de la voiture sont reprises de modèles antérieurs. Répartition du couple moteur avant/arrière de 31/69 pour les Carrera 4. Direction assistée, ABS et pot catalytique en série.

1989-1990 : 964 ; millésime 1990
Production des premières 964 retardée. Lancement de la Carrera 2 (deux roues motrices). Les Targa et Cabriolet sont disponibles aussi bien en deux roues motrices (C2) qu'en 4 x 4 (C4). L'option Tiptronic, quant à elle, n'est livrable que sur les C2.

1990-1991 : 964 ; millésime 1991
Lancement de la Turbo à deux roues motrices de 320 ch.

1991-1992 : 964 ; millésime 1992
Lancement de la Carrera 2 RS allégée. Modèle Turbo S de 381 ch sur commande (80 unités fabriquées).

1992-1993 : 964 ; millésime 1993
Lancement du 964 Speedster. La production de la Turbo 3,6 litres démarre en janvier 1993.

1993-1994 : 993 ; millésime 1994
Démarre en janvier 1994. Profondes modifications mécaniques permettant une augmentation de la puissance. Suspension arrière multibras. Disques à quatre pistons à l'avant et à l'arrière.

1994-1995 : 993 ; millésime 1995
Lancement de la Carrera RS. Transmission à quatre roues motrices complètement remaniée sur la C4. Première apparition du système Tiptronic S. Introduction de la Biturbo à quatre roues motrices et boîte à six vitesses.

1995-1996 : 993 ; millésime 1996
Le système d'admission variable VarioCam donne plus de puissance. Présentation d'une Targa avec toit en verre coulissant.

1996-1997 : 993 ; millésime 1997
La Turbo S de 430 ch est proposée comme la plus perfectionnée des 993. Elle sera produite en série limitée.

1997-1998 : 993 ; millésime 1998
La production de la quatre roues motrices et de la Turbo continue jusqu'en juillet 1998 alors que la 996 à moteur refroidi par eau est déjà fabriquée.

Les 912

1965 : Elle est présentée comme une nouvelle 356. Visuellement identique à la nouvelle 911, elle ne lui emprunte pas seulement sa carrosserie mais aussi son châssis. Les freins et le quatre cylindres refroidi par air proviennent cependant de la 356.

1969 : Empattement allongé et carrosserie modifiée, mais la production stoppe très vite.

1975 : La 912 est réintroduite pour un an avec le moteur Volkswagen quatre cylindres 2 litres de la 914. Elle est produite jusqu'au lancement de la 924.

Les 914

1969 : La 914 est lancée pour remplacer la 912 avec la possibilité de choisir entre un quatre cylindres à plat de 1,7 litre à injection (80 ch) ou bien un six cylindres de 2 litres avec carburateur (110 ch) d'origine Porsche.

Ci-dessus *Alignement des modèles Porsche disponibles à la fin des années 1980.*

1973 : Le six cylindres de la 914/6 est remplacé par un nouveau quatre cylindres 2 litres. Roues en alliage Mahle & Fuchs disponibles en option.

1974 : Le moteur d'origine de 1,7 litre est porté à 1,8 litre et bénéficie d'un nouveau système d'injection Bosch L-Jetronic, mais avec une puissance réduite à 76 ch en raison des normes d'émissions américaines. Les modèles européens de 85 ch sont dotés de deux carburateurs Weber.

1976 : Fin de la production de la 914.

Modèles de course

1948 : 356 (001)

1951 : 356/2 SL Coupé Gmünd

1953-1954 : 356 1500 S & Super

1953-1955 : 550 Spyder et Spyder Coupé

1956-1958 : 550A Spyder RS

1957 : 356 Speedster Carrera

1957-1960 : 718 RSK (F2)

1958-1960 : 718 RSK Spyder

1960 : 718 RS60

1960-1962 : 356 B Carrera-Abarth GT

1961 : 718 RS61

1961-1962 : Monoposto F2 (718)

1961-1963 : Coupé 718 RS61

1961-1964 : Spyder 718 RS61 W-RS

1962 : 804 F1

1964-1965 : 904 Carrera GTS Coupé

1965 : 904/6 and 904/8

1966-1967 : 906 Coupé à queue courte ou longue

1967 : 910 Coupé et Spyder

1967-1968 : 907 Coupé à queue courte ou longue

1968-1969 : 908 Coupé à queue courte ou longue, 908/02 Spyder (909)

1968-1970 : 911 (Rally)

1969 : 917 Coupé longue queue

1970-1971 : 917K capot arrière court

1970-1975 : 908/03 Spyder

1971 : 917/20 longue queue

1971-1973 : 917/10 (CanAm)

1972-1974 : 917/30 (CanAm)

1972-1975 : RS / RSR Turbo-Carrera (911)

1975-1976 : 908/04 Spyder

1976 : 935 et 936

1976-1977 : 934 / 930 (911)

1977 : 935/77 et 935-02 « Baby »

1977-1978 : 936/77

1978 : 935/78 « Moby Dick »

1978-1980 : 936/78

1979-1984 : 935 K3 (Kremer), 911 (Rally)

1980 : 924 Carrera GT

1981 : 936/81

1982 : 935 K4 (Kremer)

1982-1987 : 956 / 956 B

1983-1988 : 962

1984 : 911 Carrera 4 x 4 (Paris-Dakar)

1985-1993 : 962 C

1986 : 959 (Paris-Dakar)

1988-1989 : 944 Turbo Cup

1988-1993 : 962 CK6 (Kremer)

1990-1997 : 911 Carrera Cup / Super Cup

1993 : 911 Turbo GT / Turbo S (964)

1994 : Dauer-962 GT LM

1995-1997 : TWR WSC-95 (Joest)

1996 : 911 GT1

1997 : 911 GT1 Evo

1998 : LMP1-98 (WSC-95)

1998 : 911 GT1-98

1998-2001 : 911 GT3 Cup (996)

1999-2001 : 911 GT2 (996)

Ci-dessous *Trois Porsche de 1998 : la 911 Coupé, le Boxster et la 911 Cabriolet.*

PORS
928